REALLY OWNED

EXPLORATION PRIMAIRE DU CONCEPT DE RÉSIDENCE SECONDAIRE PARTICIPATIVE PAR LE BIAIS D'UN ROMAN

MARIO IONIDIS

CHARLES E. HERBST

Really Owned
Exploration primaire du concept de résidence secondaire
participative par le biais d'un roman

© 2018 Marc Ionidis et Charles E. Herbst, Paris
Tous droits réservés / All rights reserved

ISBN-13 : 978-1725904057
ISBN-10 : 1725904055

TABLE DES MATIERES

Préface 7
Une grande idée 9
Médecine du travail 10
Symétries 15
The process 17
Ecrire 19
Partir 21
Munich 25
Screening 29
Messestadt 32
Et vice-versa 34
L. 36
Poppelsdorfer Förderanlagen- und Maschinenbau .. 38
Stammtische 43
C. 51
Ein, zwei, drei 53
Illusion 59
Dante 69
Les galets 78
Contraintes structurantes 86
Fast forward 94

Pise	96
Sfumato	103
Sienne	105
Florence	121
Vingt-quatre bras	140
Les murs ne vous appartiennent pas	146
Convinto ma dubitativo	156
@Mario78	162
Transposition	164
Venise	167
Gênes	190
Livourne	199
Bordiga	209
Après, à vous	222
Phases d'un projet	223
Acte sous seing privé	223
Annexe A (exemple)	234
Annexe B (exemple)	235

A tous ceux qui rassemblent leurs forces,
cherchent une direction,
poursuivent leurs rêves
et à tous les autres

PREFACE

Nous écrivons à deux mains. L'une réfléchit, l'autre court. L'une caresse, l'autre mouche. L'une couvre (un bâillement), l'autre signe. L'une tient ce livre, l'autre se gratte la tête.

L'intention est claire : le roman, la romance, de l'*appartamento* (titre provisoire, alternatif, non retenu, remplacé) est une fiction promotionnelle participative, c'est un mode d'emploi rempli d'erreurs, un broillon de cas utilisateur, un premier jet, un jeu de piste aux issues multiples, une marche primitive, une pierre de touche mal ajustée en faveur de vacances aux faux air de BnB pour bobo en mal de placement et de lien social. Ce projet a sa part de surprises, de risques, de lâcher-prise, de lâché par la prise, de lâcheté et de reprise. Il se fera avec toi. Il a besoin de toi, lecteur, qui viens comme tu es, avec tes qualités, tes aspérités, tes rêves, tes désillusions, tes potentiels à découvrir.

Puisse cette lecture t'inspirer à poursuivre un rêve de construction, de partage et à le gérer comme un projet, avec ta propre histoire, celles des autres et de vos imprévus partagés. Ne crois pas au roman ! Lis-le, puis oublie-le. Passe-le à ton voisin. Ce faisant, lui aussi deviendra plus proche de Kokoschka et, par ce détour, de toi.

UNE GRANDE IDEE

Dans Pont-Euxin, pont vient du grec *pontos*, le flot, et *euxeinos* signifie amical pour les étrangers. Pour les grecs, la mer Noire est un flot amical pour les étrangers. Ils s'y sont installés dès le VIIIe siècle avant J.-C.[1]

Creuset des cultures antiques, matrice de l'idée de démocratie, foyer de l'orthodoxie, vers 1830, la Grèce a conquis son indépendance sur l'empire ottoman. Presque cent ans plus tard, en 1917, après de multiples circonvolutions, elle se retrouve à soutenir la Triple Entente. C'est à dire la France, l'Angleterre et la Russie. En conflit permanent avec la Russie, l'empire ottoman choisit le camp inverse, celui des empires centraux. Il en est membre fondateur, aux côtés des empires allemand et austro-hongrois.

A la fin de la Première guerre mondiale, la Grèce est dans le camp des vainqueurs. Malgré ses 27 siècles d'histoire ou peut-être à cause d'eux, elle cherche encore son identité et ses frontières. Elle obtient des concessions territoriales de la Triple Entente sur l'empire ottoman. Naît alors une tentation, une grande idée, celle d'une Grèce qui repousse les Ottomans encore plus à l'Est, reprend la Thrace orientale avec Constantinople et se rétablit là où vingt siècles plus tôt florissaient les cités hellènes, là où cinq siècles plus tôt régnait l'Empire byzantin ; celle de pousser encore plus loin vers Nicée, Nicomédie, Smyrne. Les puissances de l'Entente donnent leur feu vert.

L'armée grecque débarque alors en Asie Mineure. En moins de trois ans, la grande idée devient une grande

---

[1] Il faut toujours commencer un roman par l'explication d'un concept grec. C'est un signe de profondeur de la réflexion. La profondeur maximale de la mer Noire est de 2.200 mètres.

catastrophe. Il faut parer au plus pressé, éviter que les Turcs ne résolvent le *problème grec* aussi systématiquement qu'ils ont résolu le *problème arménien*. En 1923, un accord d'échange de population est conclu entre la Grèce et la Turquie, c'est le traité de Lausanne. Les Grecs de Constantinople peuvent rester dans le nouvel état turc. En échange, les Turcs de Thrace occidentale peuvent rester en Grèce. Les autres, un million de Grecs pontiques et un demi million de Turcs, quittent leurs pays respectifs.

MEDECINE DU TRAVAIL

— Vous m'entendez ?
— Oui, Docteur.
— Vous avez l'air perdu dans vos pensées, Monsieur Ionidis. Comment vous sentez-vous en ce moment ?
— Bien, bien, merci.
— Vous avez des insomnies ?
— Non, je dors très, très bien, je, enfin entre minuit et 3 heures du matin.
— Et après 3 heures ?
— Ca dépend, parfois, je dors parfaitement jusqu'à 4 heures, 4 heures 30.

Le docteur Marchand continue de me dévisager.

— Je vous ai connu plus reposé.
— Oui, je crois que je suis encore sous le choc, répondis-je. Ma femme vient de me quitter. Je n'aime pas en parler.
— Je comprends. Ca m'est arrivé aussi l'année dernière, dit-il en baissant la voix.

Le docteur s'assoit à nouveau. Nous nous regardons,

en silence. Après une éternité, peut être une trentaine de secondes, il reprit.

— La pilule est dure à avaler. Elle est gluante comme une couleuvre. Si cela ne s'améliore pas, consultez votre médecin traitant. Il pourra peut-être vous aider.

Je m'entends répondre :

— Bien sûr, docteur.

Toutefois, l'idée de chercher un médecin traitant me parait aussi complexe que l'organisation d'une expédition lunaire et moins exaltante. Je n'en n'ai pas la force. C'est exactement le genre de tâches que j'ai toujours laissé à Martine, ma femme, ma femme pour quelques jours encore. Il va me falloir apprendre à faire ce genre de choses sans elle.

J'avais rencontré Martine il y a un peu plus de 13 ans. J'avais été une proie facile. Comme beaucoup de jeunes ingénieurs déconnectés de la gente féminine, j'allais succomber à la première estocade bien portée. C'est Martine qui toucha. Elle était jeune infirmière, certainement l'une des plus belles filles du club de tennis de Vélizy-Villacoublay. Longue, fine, blonde, elle avait l'allure des silhouettes filigranes des affiches du Centre Commercial de Parly 2. Nous nous étions croisés plusieurs fois, lors d'entraînements et de tournois. Elle jouait bien. Je me débrouillais. A notre première rencontre, elle m'avait fait répéter mon nom plusieurs fois :

— I-o, I-o-n-i-d-i-s. Ca sonne grec, mais tu as un prénom italien.

Elle était restée interloquée, comme si cette information avait été rejetée à l'entrée de son cerveau :

contradictoire, inclassable, à vérifier. Je lui souris. Elle avait de longues mèches blondes qu'elle nouait en queue de cheval pour jouer et qu'elle relâchait après les matchs en secouant la tête.

— Et toi ? Comment t'appelles-tu ?
— Martine.
— Martine comment ?
— Martine Prouvé. P-r-o-u-v-é.
— Tu peux me le prouver ?

Elle me regarda longuement, ma chemise, mes chaussures, mes mains, le bout de mes doigts, mes épaules, mes cheveux, mon nez, mes yeux, elle eut un bref sourire un peu forcé qui signifiait « on me l'a déjà faite celle-là ». Puis, elle fouilla dans son sac de sport et me présenta sa carte d'identité sans me quitter des yeux. Elle releva ses lunettes de soleil pour me montrer que la photo lui ressemblait.

— Satisfait ?
— Oui, merci, bafouillais-je.

Elle sourit avec un regard profond. Déjà, j'étais touché. Les bons moments me revenaient, remontant à la surface comme les bulles d'air d'un bateau qui coule.

Dans les faits, le naufrage avait été rapide. Notre relation avait rencontré un récif, Antoine. Il avait ouvert une brèche que nous ne pourrions plus colmater. Avant lui, il y en avait eu, de plus petites, à bâbord, à tribord, que nous avions toutes réparées, polies et repeintes. Extérieurement, il n'y avait plus de traces. Avec Antoine, un médecin divorcé, la voie d'eau fut trop importante. J'avais eu l'impression d'écoper seul comme quelqu'un qui ne saurait pas nagé, comme quelqu'un qui ne savait plus évaluer le débit d'une voie d'eau, trop occupé qu'il était à écoper. Martine, elle, profitait du court répit pour rassembler ses affaires, vérifier le matériel de survie, appeler les secours, resserrer son chignon, ajuster son maillot de bain, mettre son gilet de sauvetage. Je restais seul à bord écopant, écopant toujours dans l'espoir d'atteindre un port, une plage, un banc de sable. Bientôt, je nageais seul pour regagner la rive.

A terre, tout était organisé. Martine, conseillée par Antoine, m'informa qu'elle voulait notre appartement, les pensions alimentaires de nos enfants et une garde alternée classique. Cela signifiait, m'expliquait-elle, qu'elle garderait les enfants la semaine, mais que je les aurais un week-end sur deux et pendant la moitié des vacances. Cela me permettrait de réaliser les déplacements professionnels que je ne manquerais pas de continuer à faire. Le divorce me permettrait finalement de *travailler plus* sans avoir à me soucier de la logistique familiale.

— C'est une bonne solution pour toi, m'expliquait-elle. Tu verras. Le juge saura apprécier.

Puis elle continua avec le calcul des pensions alimentaires, comme une avocate.

— Etant donné ton niveau de salaire, la garde classique et nos charges habituelles (scolarité, natation, tennis, gym, budget culturel, vêtements et vacances), il ne faut pas espérer rester sur le barème légal. Il me serait facile de présenter un budget supérieur à un juge. De plus, tu ne veux pas faire d'économies sur le bien être de tes enfants, n'est-ce pas ? dit-elle avec le même regard que 13 ans auparavant elle avait eut pour me présenter sa carte d'identité.

J'étais piégé et soulagé que tout soit organisé. L'assentiment des enfants semblait acquis. Ils n'étaient pas encore adolescents.

— Je garde l'appartement, répéta-t-elle, avec un léger tremblement dans la voix, me fixant du regard comme pour que je l'aide.

Elle était donc restée humaine, faillible, elle avait encore des émotions, soupirais-je, soulagé de ne pas parler à un robot. Je ne savais pas pourquoi elle ne comprenait pas qu'elle pouvait encore rester avec moi. Je suis bonne pâte, je n'embête pas, je ne mets pas sous pression, je respecte, je fais les courses le week-end, je nettoie, je cuisine, je suis souvent absent. Ca lui permet de souffler. Quelque chose en moi doit clocher. Peu importe maintenant, le navire avait touché le fond.

— Comment vois-tu les choses pour le crédit de l'appartement ? Il reste au moins six ou sept ans de remboursement ? demandais-je.
— Je suis infirmière, tu es cadre, informaticien. Je me suis arrêtée de travailler pendant 3 ans pour élever nos enfants. Cela signifie que j'ai favorisé ta carrière au détriment de la mienne. Tu as de la chance que j'ai repris rapidement, mais j'ai peu progressé. Pour toi, c'est l'inverse. J'ai droit à une prestation compensatoire. On peut s'entendre sur un capital versé en une fois ou sur une rente.
— Mais ça c'est dans le cas d'un divorce pour faute, non ? Je n'ai aucun tord dans cette histoire.
— Tu veux que je parle de Josiane à un juge ?

Bien entendu, ce n'était pas tout à fait honnête de sortir ça à mes lecteurs. Josiane, c'était une histoire courte, presque professionnelle, imbibée d'alcool. J'avais dégrisé. J'avais confessé.

— Voilà le brouillon d'une convention de divorce par consentement mutuel. Lis-le. Si tu es d'accord signe. Si tu as des questions, appelle-moi ou fais-toi conseiller. Fais attention de ne pas te laisser entraîner dans une situation de conflit, me sourit-elle. On y perdrait tous les deux, financièrement et psychologiquement, et au final les enfants aussi. Pour le reste, il vaut mieux que nous n'échangions pas trop. Tu peux t'installer chez tes parents en attendant que tout soit réglé.

SYMETRIES

Drancy et Vélizy sont deux banlieues diamétralement opposées. Vélizy, au sud-ouest de Paris, représente la France dynamique des années soixante-dix et quatre-vingt. A proximité de Versailles, on y trouve le plus grand hypermarché de France par le chiffre d'affaires. Les centres de recherche et développement de PSA et Renault sont à proximité. Les sièges France de BMW et Mercedes-Benz sont à quelques kilomètres.

Drancy, c'est une banlieue du nord-est de Paris, principalement connue pour la cité de La Muette. Ses heures de gloires sont dans les années trente. A l'époque, ces immeubles d'habitation représentaient ce qui se faisait de mieux : eau courante et salle de bain dans tous les logements, cuisine intégrée. Néanmoins, l'éloignement de la gare et le prix des loyers ne convenaient pas aux parisiens. En 1938, c'est la gendarmerie qui s'y installe. Une fois la guerre déclarée, une partie de la cité, un ensemble en forme de U, est toujours en cours de construction. Il n'a pas de fenêtres, pas d'eau courante. Ce fer à cheval devient un camp de prisonniers, puis à partir de 1941 le principal lieu de rassemblement des juifs arrêtés en France. Des dizaines de milliers de juifs passeront par Drancy avant d'être envoyés à Auschwitz. Dans la mémoire collective, le nom de Drancy est irrémédiablement associé à la shoah, la catastrophe en hébreux. Aujourd'hui, Drancy est principalement connu comme lieu de mémoire, de temps à autre comme lieu d'émeute.

Après une semaine à l'hôtel sur le plateau de Vélizy, je me suis résolu à demander asile à mes parents. Tous deux à la retraite, ils habitaient toujours dans leur pavillon de Drancy. Ma chambre, mon lit d'adolescent étaient toujours là, disposés pour accueillir famille et amis de passage. Me retrouver dans ma chambre, chez mes parents, dans leur pavillon, dans ma banlieue, me faisait du bien, même si retourner chez ses parents est une régression à de nombreux égards. Le souci principal reste la logistique.

Vélizy est reliée à la capitale par le tram depuis 2015. En 2004, le trajet de Drancy à Vélizy ne me semblait envisageable qu'en voiture : 42 km par l'A86 et un peu moins de 35 par le boulevard périphérique. Le week-end, il faut 35 minutes, les soirs de semaine plus du triple. Le matin, c'est pareil, à moins de partir vers 5h30. C'est ce que j'ai choisi de faire, mais après trois jours à ce rythme, j'ai compris qu'il me faudrait un logement plus près de Vélizy, rapidement.

Les enfants ont à peu près bien pris la *chose*. Ma fille, Catherine, à sept ans, aurait certainement eut besoin de son père un peu plus d'un week-end sur deux, mais elle est forte. Jean a bientôt cinq ans, il ne comprend pas bien ce qui se passe. Il pleure souvent. Cela me rend triste, mais c'est ainsi. Je ne peux plus le changer. Nous ferons pour le mieux avec ce que nous avons de temps et de moyens.

Le week-end suivant, j'ai pris Catherine et Jean. Martine et moi ne sommes pas encore bien rodés dans nos rôles de parents divorcés. Je suis allé prendre les enfants vendredi en sortant du travail. A vrai dire, j'avais plutôt envie de partir avec eux à la mer, à Honfleur ou à

Etretat, pour que nos idées noires soient balayées par le vent. Mais ce premier week-end de garde alternée devait faire place à la logistique. Nous le passons donc à Drancy en courses, aménagement chez mes parents et en recherche de logement. Mes parents, perturbés dans leurs habitudes, font contre mauvaise fortune bon cœur. Mon père a retrouvé un vieux ballon de foot. Maman a dépoussiéré le jeu de croquet. Globalement, à part au moment du coucher et lors de notre retour à Vélizy le dimanche soir, la bonne humeur domine. Ils espèrent secrètement que la situation ne durera pas et que Martine reviendra peut-être à la raison. Sur ce dernier point, je suis optimiste : ils finiront par comprendre.

En fin de soirée, mon père m'entraîne dans son bureau. Il sort d'un tiroir une pochette en plastique transparente. Il me la tend. A l'intérieur, on voit un petit document cartonné jauni. Sur la couverture figurent un marteau, une faucille et trois lettres rouges, KKE, Κομμουνιστικό Κόμμα Ελλάδας.

— C'est la carte du parti communiste de ton grand-père. Je l'ai retrouvée dans le grenier lorsque nous avons vendu la maison. Tu vois, là c'est son nom et ça c'est le numéro. C'est une des premières. Ton grand-père s'est engagé dès la fin de la dictature en 1926. Tu sais, il y tenait beaucoup. J'aimerai que tu la gardes. Toi seul saura ce qu'elle signifie.

THE PROCESS

Entrer dans une boutique de yaourt givré par une chaude journée d'été, c'est un peu comme atteindre une oasis après une marche dans le désert. Pour Sanjay et moi, le Snog de Garrick Street est l'un de ces lieux de fraîcheur et de repos. On y trouve ce qui est sans doute l'un des meilleurs yaourt givré de Londres avec en plus la possibilité de s'asseoir. C'est sur le banc jaune devant la boutique que Sanjay et moi méditons sur les dernières tendances en matière de design de processus industriels. Les analogies avec la production des yaourt givrés sont nombreuses.

— *It's the process, stupid*, résume Sanjay.
— *Agree*, répondis-je, la tête baissée sur mon pot de yaourt, levant de temps en temps la cuillère en l'air. Seul le processus peut garantir que les ingrédients sont livrés en bonne quantité, au bon moment, dans la qualité prescrite et qu'ils conservent leur propriétés gustatives jusqu'au point de contact avec le consommateur, c'est-à-dire son palais.

J'avais rencontré Sanjay quatre ans auparavant. Embauché par notre filiale anglaise comme ingénieur avant-vente, il a été l'un des premiers à mettre en œuvre un processus de co-conception des produits donnant plus de liberté aux fournisseurs. J'avais affiné la démarche en la faisant connaître au siège et en mobilisant les personnes clés pour son développement. Cette approche basée sur l'accélération des itérations clients-fournisseurs avait contribué au succès de la dernière version. C'était notre bébé commun.

Le mois prochain, Sanjay va rejoindre les équipes américaines et prendre en charge l'avant-vente aéronautique et automobile. Il est heureux de cette promotion et se demande où en sont les clients US dans leur réflexion.

ECRIRE

Que me laissait ma femme ?

Rien. Elle me demandait l'appartement et les deux tiers du crédit en prestation compensatoire. Je devrais payer une pension alimentaire pour les enfants, me reloger et faire en sorte de limiter les autres frais. L'accord était à son avantage, mais honnête, bien préparé. Depuis combien de temps y travaillait-elle ? Depuis combien de temps Antoine l'aidait-elle ? Depuis un an et demi, elle était plus distante. Fallait-il chercher à comprendre ? Fallait-il se battre pour une femme qui préférait prendre un autre chemin ?

Quelques RTT plus tard, j'ai trouvé un F3 à Guyancourt, à quelques kilomètres de Vélizy en coupant à travers le plateau de Saclay. C'est trop loin pour envisager une garde alternée, mais cela me permet d'être auprès des enfants en 30 ou 40 minutes en cas de pépin. Silencieuse, Martine approuve mon choix géographique, Catherine s'étonne de l'étroitesse des lieux, mais prend possession de sa moitié de chambre. Jean s'effondre rapidement de fatigue dans son nouveau lit. Mes parents nous rendent visite dès le week-end suivant. Ensemble, nous découvrons le quartier, les aires de jeux, la boulangerie, la piste cyclable, les magasins et l'hypermarché de Montigny-le-Bretonneux.

Il m'a fallu une bonne année pour considérer la fin de notre mariage avec (plus de) froideur, pour en faire partiellement le deuil. Les bulles de nostalgie continuaient de remonter à la surface dès que je faisais quelque chose pour la première fois, dès que je comparais les objets du quotidien à ceux que je savais être dans notre appartement de Vélizy. Cela commençait au petit déjeuner avec la forme des petites cuillères, la machine et les tasses à café, la marque du beurre ou de la confiture. Je me sentais englué dans des souvenirs collant tout ce que je touchais, tous ce que je voyais.

Puis un dimanche soir, après une journée seul à déambuler dans les rues de Paris, j'ai réussi à prendre une feuille, un stylo et à rédiger un brouillon de lettre. D'une écriture serrée, raturant les adjectifs, pesant chaque mot, j'ai commencé ma lettre d'adieux et de remerciements à Martine ; à notre relation. Martine ne la lira probablement jamais, il ne s'agissait pas de la lui remettre, il s'agissait plutôt d'extirper toutes les émotions liées à notre divorce pour pouvoir enfin, à nouveau, tourner la tête vers le futur, aller de l'avant.

Deux heures plus tard, j'ai posé le stylo. Tout était sur papier. Je n'avais plus rien à ajouter. Je remerciais Martine d'avoir été lucide pour nous deux, d'avoir su prendre l'initiative, d'avoir stoppé le gâchis sentimental, l'empoisonnement mutuel, le manque de sentiments, d'avoir sauvé nos enfants de notre manque d'amour, de leur avoir montré comment se comporter face à ses erreurs, de choisir de vivre dans la vérité et la simplicité.

J'ai posé le stylo. C'était comme si la feuille vibrait de toutes ces émotions. En même temps elle restait feuille, papier, blanc, quadrillé, parfaitement immobile sur le plan de travail. En fait, c'était moi qui vibrait. Ma main droite tremblait. Mon cœur battait plus fort. Je transpirais. J'avais réussi à tout exprimer, extirper sous de multiples pâtés, sous les ratures et par-dessus les fautes d'orthographes. La forme importait peu. Phonétiquement, tout était sorti : un léger goût de vomi dans la bouche. Pour être tout à fait honnête, la boisson m'avait aidé. Six canettes de 1664, droites sont sous mon bureau, étaient prêtes à en témoigner. Je ferai disparaître ces témoins gênants le lendemain matin. L'essentiel, c'était d'avoir commencé à trier mes idées.

PARTIR

Cornélius Ionidis est le fils d'un grec de Constantinople. Pendant le conflit, il est envoyé par sa famille à Athènes. Conformément aux termes de l'échange de 1923, il est un Grec qui a fuit. Il n'est plus autorisé à revenir. Cornélius poursuit donc ses études à Athènes, s'inscrit en sciences économiques. Il sympathise avec les thèses de Marx. En 1926, il devient membre du Parti communiste. Dans ces années-là, être communiste n'est pas un engagement neutre. Lorsque, le 4 août 1936, le général Ioannis Metaxas prend le pouvoir, Cornélius a le choix entre la prison, agrémentée de torture, et un nouvel exil. C'est ainsi qu'il arrive en septembre dans la France du Front populaire. Un an plus tard, il rencontre Lucienne dans un bal de quartier. Il l'épouse et s'installe chez ses beaux-parents. Mon père, Félix, naît l'année suivante à Lagny sur Marne. Bon élève, il devient ingénieur, fait son service militaire, participe à la guerre d'Algérie. Puis, il est embauché par Rhône-Poulenc. Il déménage à Lyon, y rencontre sa femme, Michèle. Michèle est employée de bureau à l'usine de Saint-Fons, au sud de Lyon. En 1965, ils se marient. Je nais de leur union le 25 mai 1966. Après un séjour au Brésil dans le sillage de la carrière de mon père, nous nous installons à Drancy dans le pavillon qu'ils occupent encore.

Avec Joël, un rendez-vous en tête à tête fixé une semaine à l'avance signifie un sujet mûrement réfléchi, prémédité, d'une certaine importance et demandant mon assentiment. L'application de Joël pour avoir l'air détendu renforçait cette impression.

— Bonjour Mario. Comment vas-tu ?
— Très bien, merci Joël, et toi ? répondis-je en lui serrant la main. Qu'aurais-je pu répondre d'autre. Les conventions sont ce qu'elles sont.

— Comment vont tes enfants ?

Je me demande pourquoi j'ai plus souvent droit à cette question depuis notre divorce. Joël est lui aussi divorcé. Je devrais par politesse lui retourner la question, mais elle me dérange, me parait indiscrète. Je ne fais qu'y répondre.

— Bien, bien. Catherine prend maintenant des cours de guitare. Jean rentre au CP en septembre. Il va avoir 6 ans. Ca fait du bien de les voir tous les deux de plus en plus autonomes.
— Ok, parfait. Tu joues de la guitare, toi ?
— Non, pas vraiment, répondis-je. Ce vieux filou a réussi à me faire sourire en moins de 30 secondes.
— Joël, tu sais comment c'est chez nous avec les gros projets, continua-t-il.

Je hochait la tête, approbateur. J'avais supporté les implémentations de nombreux clients dans toutes les industries. Je savais qu'un gros projet avait toute l'attention du management.

— Le secteur automobile représente plus de 25% de notre chiffre d'affaires. Les contrats de presque tous nos grands clients allemands arrivent à échéance dans les 24 mois. Nous avons de nombreuses demandes de corrections qui peinent à être résolues. D'après André, c'est parce que la compétence produit manque dans les équipes locales. Les demandes des clients ne sont souvent pas comprises. L'avant-vente patine aussi sur la nouvelle version. Bref, avant que les clients ne se posent de mauvaises questions et que la concurrence se positionne, ils faut que nous mettions en place un service exemplaire. Nous souhaitons renforcer le bureau de Munich en mettant quelqu'un qui a de la bouteille sur site pendant un an.

— Ok.

Même si je buvais peu d'alcool, il était clair que, dans l'esprit de Joël, le gars avec la bouteille, c'était moi. J'avais jeté les cannettes la veille.

— Il s'agit d'aider les équipes techniques et l'avant-vente à monter en compétence et les clients à mettre en place des processus qui leur permettent de tirer partie de nos innovations.

C'est ce que je venais de faire avec les équipes anglaises. Le coin droit de mes lèvres ne put cacher une interrogation. Munich n'était pas à deux heures de TGV de Paris.

— Tu vois où je veux en venir, dit-il.
— Quelles sont tes attentes ? Tu connais mon niveau d'allemand.
— Je sais que tu ne parles pas la langue de Goethe.

Il fait une pause, la ponctue d'une moue, comme

pour dire que la maîtrise de la langue était secondaire. Pour lui aussi le processus et l'approche client étaient plus importants. Je réponds par un hochement de tête, l'invitant à continuer.

— L'idée c'est que tu amènes les équipes à vitesse de croisière. Nous avons de nouveaux avant-vente qui démarrent en septembre. Il faut qu'ils progressent sur les comptes moyens dans les six prochains mois. Toutefois, la vraie mission, c'est d'obtenir le renouvellement des grands comptes automobiles. Pour cela il faudra passer en revue les plans de compte et travailler main dans la main avec les managers locaux du support et du conseil.

Joël marque une nouvelle pause, plus longue. Regardant par la fenêtre, il ajoute.

— Tu sais que l'on a compté sur toi pour de nombreux projets importants. Là, je te donne l'occasion de montrer que l'on peut te mettre sur des missions plus complexes. André et moi pensons que c'est la solution la plus adaptée.

André Martel est le responsable développement de la nouvelle version. C'est lui qui personnalise l'innovation en interne avec un focus maladif pour les détails.

— Tu as fait une bonne impression sur Peter. Il sait que, le succès de la version 4, c'est la clé pour faire de la filiale une machine à gagner. Il a demandé à t'avoir.

Peter Schmitz dirigeait l'Allemagne depuis janvier. Nous avions échangé quelques mois auparavant lors de la conférence client européenne.

— On commence à comprendre comment tu fonctionnes. Il te suffit de faire comme à Londres, continue Joël, tu infiltres les équipes locales pour

les contaminer au succès.
— L'Allemagne est un gros morceau, je connais peu les équipes. Combien de temps nous donnez-vous ?
— Six mois. Après, on fait le point avec Peter. L'idée, c'est que tu sois détaché un an, le temps que l'avant-vente soit imbattable sur la version 4.
— Tu sais que j'ai mes enfants un week-end sur deux et pendant la moitié des vacances scolaires. De Londres, je pouvais rentrer le week-end, de Munich ça me semble plus difficile.
— Les frais d'un logement meublé seront pris en charge. Pour t'arranger, on prévoit une prime variable doublée. Elle sera versée 25% au bout de trois mois, 25% au bout de 6 mois, le solde au bout d'un an. Pour le reste, c'est à toi de t'organiser.
— Ok et ça commencerait quand ?
— Idéalement, le premier septembre en même temps que les nouveaux avant-vente. Réfléchis-y ce week-end. Donne moi ta réponse au plus tard lundi soir.

Joël me dévisagea.
— Ca ira ? Conclut-il.
— Oui. Ca ira.

MUNICH

Ce que j'appréhendais le plus, c'était d'en parler à Martine. Elle ne verrait pas d'un œil favorable un départ prolongé du père de ses enfants pour l'étranger. Sur le fond, elle ne pouvait pas s'y opposer, mais c'était important qu'elle me garantisse une certaine neutralité, une certaine flexibilité. Notre accord tacite de non-agression, le maintien d'un rythme régulier de week-ends et de demi-vacances, la durée limitée de l'expérience suffirent à lui faire avaler la pilule.

Pour ce premier voyage, j'avais décidé de prendre la voiture, histoire de transporter un minimum d'affaires personnelles et de disposer d'un véhicule sur place. L'essentiel, c'est-à-dire les affaires des enfants, resterait à Guyancourt. Je me munissais de quelques livres, une méthode d'apprentissage de l'allemand, des vêtements d'hiver, quelques costumes, chemises et cravates, quelques jeans, t-shirts et pulls, un anorak, des chaussures de marche, un bonnet, des gants. J'achèterai le reste sur place.

Le dimanche 27 août 2006, après avoir laissé Catherine et Jean exceptionnellement tôt, à 16h00, me voici sur l'autoroute A4 au volant de ma 307 en direction de Strasbourg. Jusqu'à Reims, tout va bien. La route monte, descend, longe la future voie de TGV. Après Reims, la monotonie s'installe. Où suis-je ? Châlons-en-Champagne ? Ah, oui, Châlons-sur-Marne. Valmy... Hm, première victoire des armées la Révolution française. Sainte-Menehould ? Premier blanc. Verdun, première pensée triste. Metz, encore 160 km jusqu'à Strasbourg. Cette route n'en finit pas. Je me suis promis de flâner dans les rues de Strasbourg dans la soirée : Sarre-Union, aire de Keskastel, plein de diesel. Eschwiller, Bickenholtz, Eckartswiller, Gottesheim, Bossendorf, Schwindratzheim, Mommenheim, Brumath, Vendenheim, Mundolsheim, Souffelweyersheim, Schiltigheim. Pas de doute, les noms se germanisent. Une heure plus tard, je trouve une place face à la gare de Strasbourg. Terminus pour aujourd'hui, dernière pause avant le passage de la frontière.

Sébastien Voelke est le père de Laetitia, une copine

de classe de Catherine. C'est un grand Alsacien blond, maigre d'une trentaine d'années. Il a fait ses études à Strasbourg. Quand il a su que je partais en Allemagne, il m'a regardé avec envie et donné une quinzaine de conseils dont celui de visiter la petite France. A 22h00, dans la pénombre, ce quartier de Strasbourg garde son charme : rues pavées, canaux, pont tournant, maisons à colombages, écluses. Tout repose de la monotonie du voyage. Je m'installe au bord de l'Ill sur le quai de la Bruche et commande une bière, lis les derniers e-mails d'Alsace sur un écran de 240 par 160 pixels. Tout va bien.

L'institut de conseil en ressources humaines canadien Mercer évalue la qualité de vie des expatriés dans plus de 200 villes. Leur étude est publiée annuellement et aide les entreprises à évaluer les primes des expatriés pour perte en qualité de vie. En quittant Londres et ses 101,0 points d'index, pour Chicago avec seulement 99,7 points, Sanjay passe de la quarantième à la quarante-septième place du classement mondial. Moi, en quittant Paris (101,3) pour Munich (107,5), je fais un bon de trente quatre places et passe directement à la quatrième place du classement. C'est une chance que Joël n'ait pas pensé à réduire mon salaire en conséquence. Munich est classée par Mercer au deuxième rang mondial pour la qualité de ses infrastructures urbaines. Je suis curieux de savoir si elles auront un effet sur la qualité de ma vie.

Construit entre les deux guerres mondiales à une dizaine de kilomètre à l'est du centre de Munich, l'aéroport de Riem est, comme Le Bourget, devenu inadapté au développement du trafic aérien. En 1992, un nouvel aéroport du nom de Franz Josef Strauß, sorte de Charles de Gaulle bavarois, a pris le relais, à une trentaine de kilomètres au nord de Munich. Cela libéra à Riem une importante réserve foncière sur laquelle la ville a installé les bâtiments de sa foire internationale et des logements et bureaux neufs. C'est devant l'un de ces immeubles que m'attend Markus Heimann, agent immobilier, le visage en sueur.

— *Herr Ionidis ?*
— *Yes, Mr. Heimann, I presume.*
— *Yes, yes, welcome to Munich.*
— *Thank you.*
— *This part of Munich is very sought after. You have all commodities, school, groceries, restaurants*, continue-t-il dans un anglais à l'accent haché.

Je le suis dans l'escalier. Il me confirme que je n'ai qu'à signer l'état des lieux, que c'est un service aux entreprises, que tout est déjà réglé, qu'il me souhaite un bon séjour, que je peux l'appeler si j'ai des questions. Le logement est au premier d'un immeuble de trois étages. C'est une sorte de cube aux murs blancs. La chambre donne sur l'est. Elle est meublée d'un lit double et d'une armoire. Le salon a une baie vitrée donnant sur un balcon. Il contient un canapé, une table et deux chaises métalliques. La cuisine est intégrée au salon. Derrière la cuisine se trouve une petite salle de bain sans fenêtre.

J'aime ce moment où, dans un logement inconnu, l'on commence à attribuer à des objets connus une nouvelle place. C'est un acte d'appropriation, où l'on sent le lieu étranger s'imprégner de ces objets familiers jusqu'à pouvoir être qualifié de foyer. Cette sorte de marquage de territoire est plus rapide lorsque les objets sont imprégnés de souvenirs positifs. Pour l'accélérer, j'ai fait tiré des photos de vacances choisies avec les enfants. Je les ai insérées dans un triptyque en bois. Sur la première photo, Catherine souriante est déguisée en fée pour le spectacle de son école. Sur la deuxième, elle entoure de ses bras un Jean concentré sur un château de sable en cours de fortification. Sur la troisième, Jean, mirliton, lèche une cuillère couverte de chocolat. Deux autres gestes clé de cette appropriation sont d'accrocher ma trousse de toilette dans la salle de bain et de mettre une boite de sel de Guérande à côté de la plaque électrique de la cuisine.

Riem accueille aussi le siège de mon employeur. Je n'aurais que quelques centaines de mètres à pied pour me rendre au travail. Je profite du reste de la journée pour explorer le quartier et faire quelques courses.

SCREENING

Pour Peter Schmitz commencer à travailler à 7h00 du matin, c'est une question d'hygiène de vie. Il estime que ce sont ses heures les plus productives de la journée. Il ne les laisserait pour rien au monde filer en sommeil ou en embouteillage. Cette certitude lui donne un petit air rigide qui va très bien avec son regard clair, franc, que l'on dirait prêt à couper au scalpel tout ce qui lui tombe sous la main. Malgré cela, il a un humour plutôt fin.

9h00, première réunion munichoise. Peter a rassemblé une partie de son équipe pour m'accueillir. Il y a Axel Hartmann, le responsable commercial, Johannes Weitel en charge du support et Christian Schwarz le responsable du Consulting.

— Mario, tu as compris l'essentiel des enjeux, ça transpire de ton plan à 100 jours. Je veux que l'on affine avec l'équipe. Axel, présente-nous le cas qui t'inquiète le plus, s'il te plaît.

— Je pense que Mario le connaît, commene Axel. Il s'agit de la Fränkische Meilenwerke AG.

Je secoue négativement la tête. Johannes enchaîne :

— Nous avons escaladé au siège vendredi soir et,

hier, André Martel nous a répondu que, sur des sujets aussi complexes, il nous fallait quelqu'un qui connaisse la version 4 et qu'il nous envoyait leur meilleur expert pour une durée de six mois.

— Nous avons cru qu'il se fichait de nous avant de faire le lien avec ton arrivée, continua Axel. Le cas est assez simple, le client a choisit la version 4 pour remplacer son logiciel actuel fournit par notre principal concurrent. C'est le premier client à faire ce choix. Le service technique de la Fränkische Meilenwerke AG pense avoir perdu des données durant la migration ou, si elle ne sont pas perdues, qu'elles sont déformées et donc inutilisables. C'est certainement en partie parce que le client a refusé l'aide du consulting pour l'installation. Le client dit avoir suivit la procédure. Le support ne peut pas intervenir sur ses systèmes à distance pour des questions de sécurité. Le client refuse de payer du conseil et met les problèmes sur le dos du produit. Le plan, c'est donc de comprendre les causes et d'amener le client vers un mode plus coopératif. Simplement, il faut que nous soyons sûr de notre coup. Notre concurrent local est prêt à donner gratuitement sa version supérieure. Si le souci n'est pas résolu rapidement, le client ne pourra plus justifier la version 4 en interne. En deux ou trois semaines, cette histoire sera connue dans toute l'Allemagne.

Peter reprend la main :

— Ca, c'est donc le sujet important et urgent du moment. En parallèle et quand vous serez sur la route, commencez à vous mettre d'accord sur les revues de compte à 360°. J'aimerai avoir une liste des comptes ciblés pour notre call de vendredi

après-midi. Mario peux-tu dire deux mots sur la façon de cibler ces comptes ?
— Oui, bien sûr. Le principe est simple. Il s'agit de faire un screen complet de notre perception de la relation avec un client en intégrant tous les points de contact que le client a avec nous : commerciaux, ingénieur résidant, s'il y en a un, support, consulting. Pour cela, on réunit dans une salle ou via un call toutes les parties prenantes internes. On suit ensemble un questionnaire qui couvre les aspects de la relation, y compris la stratégie du client et notre connaissance de son utilisation du produit. A la fin de la session, on doit avoir identifié les road blocks, c'est-à-dire tout ce qui nuit fortement à la relation, les blind spots, c'est-à-dire tout ce que l'on ne sait pas. En général, ça tourne autour de l'utilisation du produit en particulier avec les partenaires externes à l'entreprise. Partant de cette photo, on définit des actions pour supprimer les road-blocs et faire progresser la relation vers un niveau plus stratégique. Stratégique, ça veut dire que le client, grâce à notre travail quotidien, s'ouvre, nous fait de plus en plus confiance pour la conception de son processus d'innovation. A terme, on doit avoir des ateliers annuels ou trimestriels avec le client sur des sujets d'innovation liés à ses produits ou à ses processus de conception. Rentrer dans cette démarche prend du temps, mais cela a aussi des effets très positifs sur notre relation avec lui.

— C'est bon Mario, tu prêches des convaincus.

Tout l'équipe hoche de la tête comme si on les sortait de leurs problèmes quotidiens pour les amener vers un avenir meilleur.

— Axel prépare s'il te plaît avec Mario une liste de trois à cinq comptes qui te semblent prioritaires. Faites la valider par Johannes et Christian et planifiez les screenings. Un rythme d'un par semaine à partir de la semaine prochaine me semblerait bien pour progresser rapidement sans trop perturber les activités en cours.

MESSESTADT

Comment découvrir une ville où l'on vient pour la première fois et dans laquelle on restera quelques mois ? Certains disent qu'il faut s'y perdre à pied, d'autres qu'il faut commencer par en faire le tour en bus ou en péniche, d'autres encore qu'il faut s'inscrire dans un club de sport ou, plus simplement, qu'en dehors de Paris il n'y a rien à voir. Pour ce premier week-end en Bavière, j'ai fait un peu tout ça. J'ai commencé par le métro. La station de *Riem Messestadt West* a été inaugurée en 1999. Son sol est couvert de plaques de granit, ses murs sont en béton brut, peints d'un rouge-orangé rappelant que l'on se trouve sur la ligne deux. Tout est d'une grande simplicité fonctionnelle. Le seul luxe est la durabilité. Munich possède huit lignes d'U-Bahn[2], parcourant une centaines de kilomètres et de stations et dont la première a été inaugurée pour les jeux olympiques de 1971. A titre de comparaison, Paris comprend plus de 300 stations réparties sur 14 lignes et plus de 200 kilomètres. La ligne 1 fut mise en service en 1900. De ce point de vue, Paris fait figure de vielle dame et Munich de jeune fille.

Si les fouilles archéologiques prouvent une présence humaine à Munich antérieure à l'antiquité, sa fondation officielle remonte à l'an de grâce 1158. Henri XII de

---

[2] Untergrundbahn, littéralement chemin de fer souterrain. Je progresse en allemand.

Bavière, dit le Lion, fit construire un pont sur l'Isar, une rivière qui descend des Alpes pour rejoindre le Danube. Pour s'assurer du contrôle exclusif de la route du sel entre Salzburg et la Suisse, il détruisit le pont contrôlé cinq kilomètres plus au nord par l'évêché de Föhring sur une ancienne voie romaine. Le nom de Munich, comme Monaco ville des moines, découlerait d'une annexe de l'abbaye de Schäftlarn sur la place du marché. Le centre historique s'est donc développé entre cette place du marché, aujourd'hui *Marienplatz*, et la porte de l'Isar (*Isartor*). Le pont quant à lui se trouvait plus à l'est, plus bas, à l'emplacement de l'actuelle de Ludwigsbrücke et traversait l'Isar en s'appuyant sur un banc de gravier, aujourd'hui île aux Musées.

Sur les conseils d'Axel, je me rends au Deutsches Museum, un musée de l'histoire de la science et des techniques, condensant en un bâtiment navigation, train, automobile, aviation, instruments de mesure, électricité, chimie, pharmacie, métaux, machine outil, papier et microélectronique...

Pour moi, qui m'intéresse aux détails de conception et à l'évolution du design, c'est un lieu passionnant. J'ai beaucoup de mal à m'en extirper. Comme au Science Museum de Londres ou au Musée des arts et métiers de Paris, je reste scotché devant chaque modèle, refaisant intérieurement le processus de réflexion du concepteur, cherchant à comprendre ses contraintes en matériaux, ses possibilités d'usinage, ses choix et, de là, son intention. Je synthétise, classifie et bien sûr caricature mettant un concepteur plutôt du côté de ceux qui changent les codes comme Renault avec la Twingo ou de ceux qui cherchent un équilibre subtile, essentiel comme la tenue de route, de ceux qui soignent l'apparence avec des courbes douces, bombées et une attention particulière pour la finesse des joints de carrosserie ou enfin de ceux qui conçoivent les véhicules comme la mise en valeur d'un attribut particulier comme la motorisation pour BMW.

Munich est la patrie des Bayerische Motoren Werke, BMW, dont le nom signifie simplement usines bavaroises de moteurs. Le site historique, le siège et le musée de BMW sont situés face au parc olympique au nord de la ville. A cela s'est ajouté en 2007 le centre de livraison de véhicules BMW Welt que je n'ai vu que sous la forme d'un grand chantier.

Le musée BMW est sur ma liste, mais ce dimanche matin, j'ai besoin de faire du sport et c'est d'abord vers la piscine olympique que je me dirige. Je cherche à mettre en place les routines que je n'aurai plus qu'à suivre pour rester équilibré, peut être même de bonne humeur, voire souriant et détendu. Dans le bassin, je pense à mon retour à Guyancourt le week-end suivant. L'eau glisse. Je pense à mes bonnes intentions d'apprendre un peu d'allemand. L'eau glisse, le souffle me manque, je ralentis, je prends un rythme plus lent et régulier. Oui, bien sûr le jeu en vaut la chandelle. Je me retrouve sur un poste intéressant, sans stress direct autre que des déplacements et la réussite des clients avec nos produits. J'apprends des choses nouvelles et, en dehors de ça, j'ai du temps pour moi. En prenant les vols à l'avance, le coût du maintien de l'alternance des week-ends et des vacances est acceptable. Revenir à Guyancourt et voir mes enfants me fait du bien. Je pense que ça leur fait du bien aussi. Dans l'histoire, j'ai parfois l'impression que ce sont mes propres parents qui se sentent le plus lésés.

ET VICE-VERSA

A la sortie de l'avion, on sent que l'air de Paris à une

pointe maritime comparé à celui de Munich. Je suis allé cherché Catherine et Jean le lendemain matin à la première heure. A 9h00, nous prenons le bus ensemble. Je le savais, mais je me laisse surprendre à chaque fois : ils grandissent, en taille, en maturité. Catherine entre en sixième. J'essaye de la piquer au jeu de parler en anglais avec moi. Jean nous boude un peu. Il a perdu de ses joues de poupon. Il entre au CE2. Quand il pense à notre séparation, il a des regards tristes, résignés, comme s'il nous en voulait encore à Martine et à moi, mais qu'il savait que c'était peine perdu. La présence d'Antoine était là pour le lui confirmer. Le bus arrive. Je réfléchis à un programme culturel, nutritif, réalisable sans voiture.

— Que vous voulez faire ce week-end ?
— (silence)
— Vous savez qu'il va être court. Nous devons rentrer dimanche vers 15h00 à Vélizy. Nous n'avons rien à la maison à part des pâtes et du riz. Ce que je propose, c'est que nous fassions les courses au marché couvert de Versailles. Il y a toutes sortes de victuailles, légumes, fruits, poissons et bien sûr desserts. On ramène de quoi faire un bon repas à la maison et on parlera ensuite du programme de l'après-midi. Ca vous va ?
— On pourrait aller au cinéma cet après-midi ? tente Catherine.
— Qu'est-ce que tu veux voir ?

Les yeux de Jean s'allument soudain :

— *Cars*, papa, *Cars* !

Nous faisons le tour des halles dans le sens horaire, carré aux herbes, carré à la marée, à la viande, à la farine et ressortons avec tous les ingrédients d'un festin.

Dans le sud-ouest de l'Ile de France, le parc du château de Versailles est l'un des endroits les plus agréables pour se promener. C'est aussi le seul qui nous rapproche de Vélizy tout en étant accessible sans voiture. Catherine et Jean s'y sont promenés des dizaines des fois. Généralement nous nous garons dans l'allée des Matelots près de l'entrée sud du parc. Cette fois-ci, nous passons par l'esplanade du château et les jardins. La lumière est celle des dernières journées d'été, claire, encore chaude, mais déjà basse. Nous voulons aller jusqu'à la ferme de Marie-Antoinette, pique-niquer en route et prendre une glace ou un gâteau à la guinguette et rentrer à Vélizy. Je réfléchis à ce que je vais leur raconter. Divorcer oblige à repenser la façon dont on aborde les enfants. On ne peut plus être aussi directif, en s'assurant juste de l'assentiment de l'autre parent. On garde la responsabilité de l'éducation, mais on doit plus s'assurer de l'assentiment des enfants. Cela force à une relation plus civilisée, plus respectueuse de la personne de l'enfant, alors même que nous sommes tous sous pression. J'ai conscience que l'on peut me reprocher d'idéaliser les conséquences du divorce, mais divorce ou pas l'essentiel reste la qualité des relations. Le peu de temps que nous passons ensemble est plus intense.

Souvent au bureau, je me surprends à reprendre ma tasse entre les mains. Etonné qu'elle contienne encore du café, je le bois pas petites gorgées. Il est froid, amer. Je me concentre pour savourer chaque molécule et il m'apporte autant de plaisir que le meilleur café auquel je n'aurai prêté qu'une attention distraite. Catherine et Jean, Jean et Catherine, ressentent la tristesse que j'ai à être séparé d'eux et vice-versa, je ressens la leur.

L.

Après deux ans de divorce, ma vie sentimentale est restée très, comment dire, plate, négligée, peut-être, bâclée. Si je pense (j'espère) avoir fait au mieux de ce que je pouvais faire pour garder et améliorer ma relation à Jean et Catherine, si je fais au mieux dans mon boulot et peut être même mieux qu'avant, ma vie sentimentale, mon engagement émotionnel vis-à-vis d'une nouvelle… d'une autre femme est difficile. Ma capacité à faire confiance à l'autre, à faire confiance à mes propres sentiments, s'est érodée. Je ne l'ai pas compris tout de suite, mais je l'ai ressenti dès la première tentative.

L. est une ancienne camarade du bac. Elle revient de temps à temps à Drancy. L'année dernière elle a repris contact. J'ai compris qu'elle avait appris mon divorce par ses parents qui eux même le savait des miens. L. était une belle femme qui manquait un peu d'assurance. Son propre divorce l'avait aussi assommée. Elle ne voulait pas en parler. J'ai apprécié qu'elle ait le courage de m'appeler et de me proposer de faire quelque chose ensemble un week-end *où je pourrais*. Elle voulait m'emmener au musée de l'Homme, n'avait pas envie d'y aller seule. Comme toujours, je n'ai pas compris le signe. Le musée venait d'être dépouillé de ses collections ethnographiques au bénéfice de nouveaux musées voulus par Jacques Chirac: celui du quai Branly à Paris et celui des civilisations de l'Europe et de la Méditerranée à Marseille. Il restait au musée de l'Homme la préhistoire et l'anthropologie, un peu comme à nous deux il restait nos corps et nos histoires.

L. tournait ses cheveux longs châtains vers moi. Je pouvais voir sa nuque, sa peau bronzée. Ses regards parfois brièvement remplis de doutes, l'instant d'après moqueurs ou pleins d'espoir. Elle me donnait envie de lui donner confiance en elle. Le pouvais-je ? Je n'avais pas beaucoup de stock. N'allions-nous pas nous enfoncer plus encore ?

— A quoi tu penses ? dit elle soudain.

J'avais décidé de ne pas mentir, d'être le plus sincère possible sans être malotru, un équilibre difficile :

— A nous.

D'un sourire tendre, humain, elle m'invitait à continuer. Je me balançais d'un pied sur l'autre, me grattant la tête :

— Non, oublie, ajoutais-je d'un grand sourire, gêné, comme pris sur le fait. Ca, ça me fait juste du bien d'être avec toi.

Elle sourit plus tendrement encore. Le piège des hormones se refermait sur nous. Pour milles bonnes raisons, je n'avais pas envie de le stopper.

Mais L. et moi ça n'a pas marché. Au quotidien, ça ne pouvait pas marcher. Elle avait de l'humour, du charme, de la finesse. Se donner un peu d'énergie dans un passage difficile, oui, c'était possible, peut-être souhaitable. Envisager de vivre au quotidien ensemble, non. Le lien sentimental était trop tenu. Je ne peux plus me lier à une femme dont je ne suis pas le type. Je ne peux pas me lier à une femme dont je ne suis que le type. Il me faut PLUS. Quoi exactement ? Je cherche encore, me disais-je en quittant l'avion avec une certaine impression que je pourrais trouver en restant attentif, calme, ouvert.

POPPELSDORFER FÖRDERANLAGEN- UND MASCHINENBAU

De façon appréciable, tous les participants arrivent dans les deux minutes après le gong. La plupart sont sur site à Riem dans une salle de réunion. Axel commence par un tour de table en anglais. Il y a Johannes Weitel et son second, Friedrich Bartling, Christian Schwarz et la consultante qui a fait l'installation, Ivana Horáková et, au téléphone, la voix du responsable commercial du compte, Markus Brusch, et celle de Carsten Müller, responsable de l'avant-vente. Tous deux sont basés à Düsseldorf. Je rappelle le principe de la revue. Markus Brusch doit commencer par nous présenter le client et sa perception du compte :

— La Poppelsdorfer Förderanlagen- und Maschinenbau AG est l'un des leader mondiaux des machines d'emballage industriel pour les fruits et légumes. Ils construisent des installations généralement sur mesures qui trient, lavent et emballent les récoltes. Leurs clients sont des industriels, des distributeurs et des coopératives dans le monde entier. C'est une société créée en 1904 par l'arrière grand-père du propriétaire actuel. Ils utilisent nos solutions pour la conception des machines : chaînes de tri et de lavage, mais aussi pour le design de chaînes spécifiques aux clients et aux types de fruits et légumes qu'ils traitent. Ils avaient la version 3 depuis six ans, mais se sentaient limités dans la gestion des catalogues et l'utilisation de pièces standardisée externes : composants des chaînes et des machines mais aussi bacs et conteneurs de transport qui sont de plus en plus sophistiqués et difficiles à produire par leurs propres moyens. Ils voulaient pouvoir recevoir les références de leurs fournisseurs et les utiliser directement en conception. C'est particulièrement intéressant pour eux, parce qu'ils assemblent souvent des machines développées par d'autres. Autre détail, le patron est très engagé au niveau du syndicat des constructeurs de machines. Si on se plante avec lui, il va l'afficher sur la grande cloche.

Markus marque une pause. Un *affichage sur la grande cloche* aurait des conséquences désastreuses pour le business.

— Actuellement le directeur de la R&D m'a fait comprendre qu'il se pose beaucoup de questions. Il faut que l'on trouve une réponse adaptée à toutes leurs questions pour éviter que ça dérape dans le mauvais sens. Voilà, ce que je peux en dire. Pour le reste, Carsten, Ivana et Christian en savent plus.
— Qui continue ? demandais-je. Ivana ?
— Oui, Ivana, approuve Christian. explique s'il te plaît ce que tu m'a dit hier sur la mise en place et les soucis identifiés.

Ivana fait un sourire forcé. On la sent souffrant que son client, son installation ne soient pas un succès.

— Oui, d'abord il faut que vous sachiez que le client aime nos produits. L'installation s'est bien passée. Nous avons eu quelques soucis techniques, mais vite réglés. Dans l'utilisation de la nouvelle version, il y a des différences dans les menus et les désignations qui ont perturbés certains utilisateurs. Comme par exemple que la sauvegarde par défaut des fichiers n'est plus directement sur disque, mais dans un catalogue. Après la formation des utilisateurs-clés, ils ont compris la logique et ont fait leur propre nomenclature. De ce côté-là, il y a maintenant beaucoup moins de questions et critiques. Ils ont compris l'avantage que cela apporte dans la gestion et la réutilisation des modèles.
— Ce qui n'est pas le cas de tout les clients de la

version 4, commente Christian.

— En revanche ce qui bloque, c'est qu'ils n'arrivent pas à intégrer les fichiers externes de leurs principaux fournisseurs, continue Ivana. Tout ce qu'ils ont reçu était déformé et inutilisable après import. La co-conception avec les fournisseurs n'est pas critique pour eux. Donc les soucis de jeunesse de ce côté ne sont pas bloquants. Ils regarderont ça probablement plutôt dans six mois ou un an pour une utilisation limitée à une poignée de fournisseurs. En revanche, l'import de fichiers externes est critique. Friedrich et Johannes ont des tickets pour ça, mais nous n'avons eu aucune réponse depuis plus de quatorze jours, résume Ivana. On me dit juste que c'est *en cours*. Ce n'est plus une réponse satisfaisante pour le client, dit-elle en fixant Friedrich d'un regard sombre.

Friedrich encaisse sans un mot, la bouche fermée, horizontale. Il semble connaître le style sans fioriture d'Ivana et attend son tour.

— Bien, merci Ivana. Est-ce que cela veut dire que les imports externes sont le seul souci de, de… J'hésitais sur le nom, du client.
— Oui, on peut résumer les soucis du client comme ça, dit-elle. Il y a quelques autres points, mais qui sont plus des questions non bloquantes dans l'utilisation du produit.
— Est-ce que tu peux nous en dire un peu plus sur le type de fichiers à importer, le nombre de fournisseurs impliqués, la taille de leurs catalogues ?
— Oui, c'est dans les tickets. Les trois principaux

sont Murger Packing GmbH avec 900 références, Packtech Spa avec 3.000 références et Wurling avec 120.000 références. Wurling fournit toutes les petites pièces d'assemblages. Murger est très intégré avec Poppelsdorfer, ils fournissent des modules pour les machines. Si on couvre ces trois là, la situation sera beaucoup moins tendue. Les détails sont dans les tickets. J'aimerais savoir s'il manque quelque chose à Friedrich pour fournir une réponse.

Friedrich regardait nerveusement l'écran de son ordinateur portable. Il semblait en train de vérifier le statut des tickets de Poppelsdorfer, le visage fermé, concentré.

Je regardais brièvement Axel et Christian et me tournais vers Johannes Weitel.

— Johannes, est-ce que l'on peut définir les actions à entreprendre sur les tickets du client ?
— Nous allons regarder ça ce matin, dit-il. Ivana peux-tu confirmer les tickets les plus prioritaires pour Poppelsdorfer ?
— Ce sont les trois numéros de tickets listés dans mes derniers e-mails.
— Est-ce que c'est Christian et Ivana qui ont le lead sur la résolution et l'alignement avec le client ?
— Oui, répondit Christian. C'est Ivana. Elle a la confiance du client, ça se passera bien si nous apportons des réponses rapidement.
— Comment organisons-nous le suivi ? Je pense qu'il nous faut un suivi interne et revenir au plus tard lundi vers client pour valider avec lui que ce sont bien les principaux points qui bloquent et essayer de lui donner un temps de résolution.

— Ivana met nous s'il te plait un call d'une heure dans l'après-midi avec Friedrich. On va passer en revue les tickets, vérifier que nous avons toutes les informations et le cas échéant demander des compléments au client aujourd'hui. Demain nous avons le kickoff à Paderbronn, donc on va skipper, mais il faut que l'on fasse un point mercredi à midi avec Friedrich.

La voix de Markus Brusch grésilla du haut-parleur :

— De mon côté, je vais appeler Marcell Bischoff, le responsable R&D, pour le faire patienter cette semaine. Est-ce que l'on pourrait faire un point jeudi en fin d'après-midi pour voir où on en est ?
— Ivana, tu invites jeudi après-midi ?
— Pour 30 minutes ?
— Oui, ça devrait suffire, répond Christian.

Les soucis de compatibilité de fichiers demandent une approche coopérative, d'une part avec le développement, d'autre part avec les fournisseurs de nos clients. Après la réunion, je proposais à Friedrich que nous regardions ensemble comment passer les balles rapidement au développement ou au client et à ses fournisseurs. Je fus remercié d'une invitation à déjeuner avec l'équipe support.

STAMMTISCHE

Catherine peut maintenant envoyer des e-mails. Antoine l'a aidée à configurer une boite e-mail en ligne :

> *Bonjour papa je t envoie mon nadrese imel. Isi tou va bien. Jean enerve. Comment va tu. Bisous catherine*

Les larmes aux yeux, j'ai envoyé un SMS de remerciement à Martine. Réponse une heure plus tard,

« :-) ». Catherine envoie des petits messages presque quotidiens. J'essaye de reprendre ses mots, de la corriger tout en maintenant la fluidité de l'échange. Je lui demande des nouvelles de Jean : *Jean énerve. Jean se plaint, Jean est sage, Jean n'arrive pas à se lever, Jean ne se lave pas les dents, Jean se lave mal les dents, Jean se lave presque bien les dents*. Pour le reste, tout semble ok.

Dans les brasseries villageoises, le Stammtisch, c'était littéralement la table des habitués et historiquement la table des notables. On ne s'y assoit pas sans invitation. Aujourd'hui le terme a un sens plus large. Dans les entreprises, les associations, les clubs sportifs, des Stammtische se font et se défont au gré de l'humeur de leurs participants. Il suffit que quelqu'un lance la proposition et que deux ou trois autres personnes l'approuvent et se mettent d'accord sur un lieu, une date. Dès que la participation retombe, le Stammtisch est abandonné. Les grandes brasseries de Munich ont des tables réservées aux Stammtische les plus suivis. Le Hofbräuhaus accueille ainsi plusieurs dizaines de Stammtische officiels : l'*association contre le remplissage frauduleux des verres* les premiers et troisième mardi du mois, *Siemens*, l'*Office national des brevets* et la *Direction centrale des postes* le second mardi du mois. Le quatrième jeudi du mois, l'affluence des habitués est moindre : seuls les *juges du tribunal fédéral des brevets* sont au rendez-vous. Les autres hôtes sont des touristes ou des petits groupes.

Johannes Weitel est l'initiateur du Stammtisch de notre site de Munich. Ce Stammtisch *intern* se tient le troisième jeudi du mois, sous les châtaigniers du jardin à bière Franziskaner dans la Friedenspromenade, à dix minutes du bureau, dans un jardin de deux milles places dédié à la dégustation de spécialités bavaroises solides et liquides.

Friedrich est assis au soleil un verre de *Helles* à la main. La *Helles* est une bière pression blonde servie dans des verres d'un demi litre L'autre reine des jardins est la bière blanche à la levure, la *Hefe-Weißbier* connue aussi sous le petit nom de *Weizen*. Celle-là, c'est Johannes qui l'a dans un verre d'un demi-litre évasé vers le haut. A côté d'eux Barbara, sirote une *Weinschorle*, un mélange de vin blanc et d'eau gazeuse. Dominik, le quatrième sbire du support bavarois, a une *Weizen* sans alcool. Je regarde Axel qui arrive en même temps que moi. Il me sourit avec un air narquois :

— Qu'est ce que l'on fait boire à notre ami gréco-français ? lance-t-il aux autres.

— Franco-grec, répliquais-je, comme si la nuance allait arranger mon cas.

— Ok, va pour franco-grec, me tapa-t-il sur l'épaule. Un franco-grec doit boire de la *Weizen* et de la *Helles*, ajouta-t-il regardant Johannes et les autres.

Le support ne se fait pas attendre.

— Naja, bien sûr, la question est s'il commence par une *Helles* ou par une *Weizen*, poursuit Johannes.

— Normalement on ne mélange pas, ça n'est pas bon pour la digestion, dit Dominik à mi-voix.

— Barbara, avec ta *Weinschorle* tu es neutre, qu'est-ce que tu recommandes ? reprend Axel, *Helles* ou *Weizen* ?

Barbara prend un air très concentré, je me voûte lentement, sûrement, toujours plus sur le banc.

— Je plaide pour une *Weizen*, dit Johannes, après tout, il faut que Mario commence par les symboles les plus typiques de la Bavière.

— Donc une *Weizen*, répéte soulagée la serveuse qui

suivait la conversation depuis une bonne minute.

Barbara approuve. Axel, lui, commande une *Helles*.

— On a beaucoup de choix difficiles à faire en ce moment, conclut Friedrich en soupirant.

Barbara se leva pour saluer une *table de femmes* à quelques pas. Gerd, un commercial, nous rejoint. Il commença à parler en allemand avec Axel. Quelques minutes plus tard, le groupe de femmes se sépara. Je sentis une main sur mon épaule :

— Mario, je te présente Jocelyne. Elle est française et vit à Munich depuis quelques années, dit Barbara.
— Six ans, précise Jocelyne, une petite brune à la voix énergique. Barbara m'a dit que vous venez d'arriver à Munich. Vous prenez vos marques ?
— Oui, merci, la ville est intéressante et agréable et j'ai des collègues sympathiques, ajoutais-je un brin flatteur, en les désignant d'un geste circulaire.
— Je suis sure que Mario a besoin d'un ou deux conseils pour son installation, continue Barbara. Tu ne veux pas t'asseoir un peu avec nous ?

Jocelyne regarda sa montre :

— Ce serait avec plaisir, mais il faut que l'on y aille. Nous devons récupérer nos filles au club de volley dans 15 minutes, ajouta-t-elle. Mais si ça vous intéresse, vous pouvez participer à notre groupe de conversation française. C'est tous les mardis dans un resto du centre à 19h00. Mardi prochain j'y serai. Elle se tourna vers Barbara et ajouta, je t'envoie le lien par e-mail. Tu transmettras ?
— Ok, bien sûr, répondit Barbara.
— Bonne soirée, conclut Jocelyne, puis se tournant vers moi, peut-être à mardi alors ?

— Merci pour la proposition, répondis-je.

Une fois l'*Oktoberfest* passée, la Bavière entre bille en tête dans l'automne, puis sans transition dans l'hiver. Le froid s'installant, les revues des principaux clients étant engagées, l'autonomie des équipes en place, Barbara me relançant de temps en temps pour savoir si j'étais allé au *Franzosenstammtisch*, j'ai commencé à considérer la proposition de Jocelyne sous la perspective de longues soirées d'hiver, sombres et monotones. Il fallait améliorer ma vie sociale... Barbara accepta de m'accompagner.

Le café-restaurant était à proximité du jardin anglais et de la station de métro *Universität*. J'y arrive à 19h05. Un groupe francophone d'une douzaine de personnes occupait joyeusement le fond du café. Certains avaient profité de l'happy-hour pour dissoudre leur stress plus intensément dans l'alcool. Je cherchais des yeux Barbara ou Jocelyne, je serrais des mains en remontant la table.

— Bonsoir, je m'appelle Mario.
— Bonjour, moi c'est Souzanné.
— Enchanté, Klaosse.
— Bonsoir, bienvenue Mario, moi, c'est Marc.
— Bonjour, Kerstin.
— Ah, Mario, très bien, viens t'asseoir à côté de Herbert et moi, fit Jocelyne, en désignant son voisin, un soixantenaire bronzé au large sourire. On va checker où tu en es de ton installation à Munich.

Deux minutes plus tard, Barbara arriva, essoufflée et nous rejoint. Herbert racontait ses vacances en France et Jocelyne semblait soulagée qu'il me porte toute son attention. Il y avait la fois où Herbert était allé en Bretagne, celle où Herbert avait descendu en vélo la vallée de la Loire, celle où Herbert avait remonté la vallée de la Moselle. Il y avait ses randonnées dans les Pyrénées, sa descente des gorges du Verdon, sa traversée de la Corse, sa descente de la côte atlantique en camping-car, sa remontée à la nage du canal du Midi, son tour du Mont Blanc accompagné de mulets. Barbara était en grande conversation avec Marc et Jocelyne. Après une heure de conversation unidirectionnelle, Herbert sembla satisfait de son heure gratuite de psychanalyse et demanda soudain ce que je faisais à Munich et combien de temps je comptais rester. C'est à ce moment là que C. arriva. Elle salua toute la table de grands signes de la main.

— C. super, tu as réussi à te libérer !
— Bonsoir Jocelyne, oui, j'ai laissé ma fille aller au lit seule. A dix ans, elle est assez grande.

C. a une silhouette fine, de longs cheveux noirs, brillants, qui lui descendent légèrement bouclés jusqu'aux épaules.

— Assieds-toi près de Mario.
— Mario ? m'interrogea-t-elle en fronçant les sourcils.
— Oui, tu sais, le collègue français de Barbara que l'on a vu au Franziskaner Biergarten à Riem le mois dernier.

Herbert plissait les yeux. Il semblait chercher ses mots pour pouvoir continuer la conversation, mais C. était lancée :

— Donc, vous êtes Mario. Depuis quand êtes-vous en Allemagne ?
— Depuis début septembre. Je supporte notre site de Munich pour le lancement d'un nouveau produit. Je devrais rester quelques mois encore.

Le regard de C. était posé, direct.

— Comment vous plaisez-vous à Munich ?
— Très bien, on y respire bien, la ville est agréable, les gens sont décontractés, mais concentrés au travail. C'est un bon mix.

Cela la fit sourire.

— Et vous, depuis combien de temps êtes-vous à Munich ?

Elle dut réfléchir. J'eus peur qu'Herbert reparte sur un monologue, mais il lorgnait à nouveau du côté de Jocelyne.

— Ma fille vient d'avoir dix ans. Ca fait donc quinze ans que je vis à Munich. Vous avez des enfants reprit-elle ?
— Oui deux. Catherine a onze ans et Jean a huit ans.
— Ils sont à Munich ?
— Non, ils vivent avec leur mère à côté de Paris, à Vélizy. Nous avons divorcé il y a deux ans, ajoutais-je, en suppliant du regard, de ne pas trop insister sur le sujet.
— Ah, vous aussi ?
— Vous aussi ?
— Oui, depuis un peu plus de deux ans, répondit-elle songeuse. Depuis j'ai la garde de Anna. Son père n'a pas insisté pour l'avoir. Ses chances n'auraient pas été grandes.
— Il habite Munich ?
— Oui, ça simplifie les choses. Il prend Anna un week-end sur deux et la moitié des vacances. Vos enfants ne vous manquent pas trop ?

Elle me prit le bras vivement comme si elle voulait éviter un accident :

— Pardonnez à moi, je ne devrais pas poser une question aussi stupide.

Ses yeux demandaient vraiment pardon.

— Je rentre à Paris un week-end sur deux. C'est, je réfléchissais, c'est un temps privilégié, si court, si important pour moi. Ca m'oblige à me concentrer sur eux lorsque nous sommes réunis, ce que je faisais moins avant.

C. s'était remise droite sur sa chaise. Elle commanda un verre de Bordeaux, répondit à une question de Jocelyne. Herbert en profita pour me demander ce que j'avais vu de Munich. Je fis un compte rendu succinct : Marienplatz, Isartor, Viktuaillenmarkt, Englischer Garten, Deutsches Museum, BMW Museum.

— Tu joues au foot, Mario ? demanda Marc de loin.

— Je n'y ai pas joué depuis vingt ans, répondis-je. Pourquoi, tu recrutes ?

— Oui, on a toujours besoin de bon joueurs.

Herbert rebondit :

— Qu'est ce que vous faites comme sport Mario ? Moi, je fais de cyclisme. Le cyclisme, c'est le meilleur moyen, comment dit-on en français ? d'exercer la liberté de bougement. Savez-vous que vous pouvez faire le tour de Munich entièrement sur des pistes de vélo. Ca s'appelle le Radlring. C'est un circuit de 135 km autour de la ville. Les routes de vélo sont beaucoup, plus qu'en France. Je me souviens que nous avoir fait les châteaux de la Loire avec ma femme nous avons souvent pris les routes nationales. Les gens roulaient comme des fous à côté du vélo. C'est vraiment très très danchereux en France. Une fois à Tours, nous avons tellement eu peur sur les digues du Loire que nous avons allé sur des chemins du côté bas et pousser les vélos. Le seul endroit qui est bien, c'est le canal du Midi.

C. souriait en me regardant écouter Herbert. Elle lui posait des questions « dès que lui s'essouffler ». Ses yeux à elle riaient. Je pus finir par placer que je nageais le week-end à la piscine du parc olympique et C. qu'elle allait au travail en vélo. C'est bien ça, approuva Herbert. Il regarda sa montre et ne dit soudain plus un mot.

Les premiers convives partaient déjà. Barbara cherchait quelque chose dans son sac à main. Jocelyne demanda l'addition. Chacun paya *getrennt*, séparément. Je fis la bise à Jocelyne, C. me tendit la main.

— Merci Mario, J'ai passé une bonne soirée.
— Merci C., moi aussi.
— Vous serez là dans deux semaines ? demanda-t-elle.
— Non, ce sont les vacances, je serai en France avec mes enfants.
— Entendu, alors peut-être à une autre fois.
— Vous pensez venir dans trois semaines ?
— Elle réfléchit :
— Dans trois semaines ? Oui, ça pourrait être.

C.

C. devint la figure féminine qui occupa mon esprit dans les semaines qui suivirent. Je la trouvais touchante à tout point de vue. Belle, bien sûr, naturelle, déterminée à être heureuse avec un certain sens de l'humour.

C'était la première fois qu'une femme résistait à la revue critique corrosive de mes pensées intérieures. L. avait tenu trois jours. Elle avait beaucoup pour elle. Martine était hors catégorie. Je la protégeais du mélange corrosif en tant que mère de nos enfants et parce que je n'avais pas eu ce regard quand nous nous sommes connus. Toutes les autres étaient réduites en tas d'os dans les minutes ou dizaines de minutes qui suivaient l'exercice. Cela se passait plus ou moins de la façon suivante : l'acide entrait par une aspérité de la personnalité, beaucoup plus rarement par un détail physique. L'acide ne s'attaquait qu'aux femmes qui m'intéressait ou m'avait montré une marque d'intérêt. Il laissait intact les collègues de travail, les femmes de nos amis, ainsi que toutes les femmes avec lesquelles je ne m'autorisais pas l'hypothèse d'une relation.

En revanche dès que j'étais touché personnellement, sentimentalement, il intervenait, comme un venin de serpent couplé à un superacide. La victime devenait inerte. Tout ce qu'elle avait pu dire ou faire était figé et passé au scan d'une interprétation psychologique réalisée par le docteur Freukdenstein. Le résultat de cette interprétation était soumis à une batterie de simulation de scènes de vie passées, réelles ou fictives qui comprenait mais n'était pas limitée à : une première soirée ensemble, une série de week-ends, des premières vacances, la rencontre de mes enfants, la réaction à leurs caprices, à leurs disputes, des tâches quotidiennes répétées à l'infini telles que faire les courses, un repas, la vaisselle, la lessive, débattre de quand comment et avec quelle fréquence nettoyer le sol, se disputer et résoudre les conflits (mesurer la dépense d'énergie et le besoin en concession pour cela), vieillir, perdre son emploi de part et d'autre, l'un après l'autres, puis simultanément, devenir malade, être aux portes de la mort, l'un après l'autre, puis simultanément. Après ces simulations, il ne restait qu'un verdict qui tenait en un substantif adjectivé aplati, sans volume, plus ou moins désobligeant, plus ou moins allongé. L. avait tenu trois jours, car elle avait luté, trouvé des arguments pour se défendre, eut recours à sa confiance en elle, à son élégance, son charme. La justesse de ses expressions l'avait longtemps protégée, parait les coups, parfois les sentait même venir, les détournait avec humour, mais elle avait trébuché sur un petit manque de sincérité, presque indécelable. L'acide était entré et avait tout détruit. Il n'était resté d'elle qu'une adolescente éternellement immature, incapable de s'engager.

J'en étais donc là avec C. Je savais que le venin n'avait pas pris, que le scan n'était pas réalisable. Il manquait des éléments. Son naturel entraînait mon imagination à vouloir lisser, à combler les aspérités, à la protéger. J'en déduis qu'il fallait mieux la connaître.

EIN, ZWEI, DREI

L'accord passé avec Martine, c'est « des week-ends raccourcis contre une semaine complète à la Toussaint et Noël chez ses parents. » Antoine et elle ont accepté de déposer Catherine et Jean à l'aéroport Charles de Gaule auprès de l'accompagnement enfant d'AirFrance.

Quel souvenir allait laisser ce séjour dans la mémoire de mes enfants ? Si le jeu de cloches de la façade de la mairie de Munich n'a pas eu un franc succès auprès de Catherine, Jean l'a trouvé fascinant et voulait y retourner toutes les heures. Les glaciers munichois les ont mis d'accord. L'apprentissage de l'allemand avec mise en pratique immédiate est bien passé : *Guten Morgen, Guten Tag, ein, zwei, drei, ja, nein, Danke, Bitte.*

Le lundi est le jour des courses et des devoirs : lecture pour Jean, maths et anglais pour Catherine. Nous passons l'essentiel du mardi au Deutsches Museum. Jean, fatigué, est monté sur mes épaules pour la démonstration de la cage de Faraday. Sous le poids de ses 25 kilos, je n'ai pas tenu longtemps. La randonnée au bord du lac de Tegernsee, une séance de piscine et un tour en barque dans le jardin anglais ont constitué le programme sportif. En rentrant de l'aéroport samedi à midi, je me suis senti seul, mais rempli de leur affection. J'ai envoyé un SMS à Martine : *décollage ok, devoirs ok, merci pour les trajets, bonne semaine.*

Nous avions bien progressé sur la stabilisation de la version 4, mais le plus gros restait à faire : le travail de fond sur les constructeurs automobiles. Nos relations avec eux restaient cantonnées à des discussions techniques, sur la performance de calcul, les formats de fichiers, les protocoles de transfert, les capacités d'intégration avec des applications tierces. Il n'y avait aucun dialogue sur l'essentiel, c'est-à-dire sur la façon dont nos logiciels, une fois installés et pris en main, pouvaient être optimisés pour des équipes étendues, non seulement au sein des équipes de design, mais aussi au-delà, pour la documentation, la planification de production, le processus des achats, le contrôle de qualité, l'avant-vente, le marketing, les études consommateurs et l'après-vente, en bref pour la gestion complète du cycle de vie informationel des produits. S'engager dans cette voie impliquait de faire collaborer des équipes multifonctionnelles et de mettre sur banc d'essai les processus existants.

Werner Kahl m'écoutait développer cette idée d'utilisation étendue en jouant avec son stylo. Il ne semblait pas convaincu. Au premier étage d'un bâtiment blanc de banlieue, la salle de réunion donnait sur les arbres d'un grand parc voisin. Axel Hartmann souhaitait commencer notre galop d'essai orienté processus avec lui. Werner Kahl avait toujours été dans une posture de critique constructive de nos solutions. Son opinion était respectée non seulement en interne, mais aussi par bon nombre de ses confrères avec qui il échangeait régulièrement au sein de plusieurs groupes de travail du VDI, l'association des ingénieurs allemands[3]. Son entreprise était l'une des premières à utiliser la version 4 dans le secteur automobile en Allemagne. Il posa son stylo :

— Sur le principe, je trouve l'idée d'utiliser nos fichiers de conception numérique pour simplifier d'autres processus intéressante. Nous le faisons déjà pour la phase de préproduction, mais aussi pour réaliser divers contrôles de conformité à nos standards de qualité et de design. Quant aux fonctionnalités de nomenclature et de documentation de vos outils, nous les utilisons, bien entendu, mais pas au-delà de l'export de fichiers vers des applications tierces.

— Est-ce que vous savez que vos guidelines internes peuvent être transcrits en règles qualité dans nos outils et contrôlés automatiquement dès la conception ?

— Oui, j'ai noté ça, mais ça me semble être plus une promesse marketing qu'une fonctionnalité utilisable en pratique. Avez-vous des clients automobiles ou dans la construction mécanique dont les produits sont de complexité similaire en termes de contraintes d'usinage et qui utilisent réellement cette fonctionnalité ?

— Oui bien sûr, nous avons des clients sur ces deux points. Ils sont cités dans le livre blanc *embedded quality rules for manufacturing design* qu'Axel vous a remis. La plupart ont réussi à mettre en place entre

---

[3] Verein Deutscher Ingenieure.

70 et 90% de leurs règles internes. Ils en ont aussi profité pour les faire évoluer. Le bénéfice pour les équipes est bien sûr dans la réduction des latences entre conception et approbation qualité. Les itérations qualité sont réalisées en temps réel. C'est un gain de temps appréciable pour la conception et la robustesse du design. Mais l'essentiel n'est pas là. L'un des impacts les plus importants est sur les possibilités d'arbitrage entre complexité d'usinage et coût matière à qualité égale dès la conception.

— Le *quality ruling* évalue-t-il l'adéquation des modèles conçus aux capacités d'usinage ?

— Pas ce module directement, mais la version 4 oui. Elle vous permet la configuration de parcs machines internes et externes et ainsi d'évaluer les temps de préparation dès la conception. En combinant l'évaluation des temps de préparation et les gains de matières, vous êtes en mesure de faire des arbitrage usinage-matière beaucoup plus fins en fonction des quantités à produire. En clair, sur les moyennes séries, l'approche est très rentable.

Werner Kahl posa son stylo. Il savait que la simulation du parc machine comprenait le paramétrage des conditions de coupe, un point essentiel pour réduire les temps et les coûts de préparation, mais aussi les opérations de post-finition. Il regardait Axel comme s'il lui demandait si c'était bien vrai. Axel hocha la tête.

— Oui, vous avez bien compris, confirma Axel.

— Etes-vous en train de me dire que nous pouvons simuler l'impact des choix de design sur les contraintes d'usinage dès la conception en temps réel ?

— Exactement, répondit Axel.

Je hochais moi aussi de la tête.

— Mais pourquoi commencer par les règles qualité ? Je veux dire, la qualité est bien sûr essentielle, mais c'est un sujet différent.
— Le module qualité vous permet de définir des contraintes telles que la vitesse de coupe de chaque matière, en fonction de paramètres complémentaires tels que l'épaisseur. Cela permet de mettre en place vos meilleures pratiques internes. Les règles peuvent être bien sûr paramétrées avec différents niveaux de sévérité de façon à garder une certaine souplesse à la conception. Si vous faites cela, le rapport qualité comprend également des instructions d'usinage. C'est ensuite à vos processus internes d'utiliser ou pas cette information. Si la préproduction se met à utiliser cette information, les gains en temps sont considérables.

Werner Kahl se leva. Il se tourna vers le paysage et resta silencieux quelques secondes. Il semblait examiner un détail du paysage, au loin, derrière la ville. Puis, il se tourna à nouveau vers nous.

— Comment pouvons-nous approfondir le sujet ? demanda-t-il.
— Pour rendre les choses concrètes, nous pouvons réaliser un atelier de formation à l'*embedded quality ruling*. Ce type d'atelier se déroule en général sur une ou deux journées. La première partie passe en revue les possibilités de configuration de règles et la seconde est consacrée à des études de cas réels soumis par vos équipes. C'est une sorte de show case.

— Et vous pensez que deux journées suffisent pour faire le tour du sujet ?

— Pour en comprendre le principe, oui. L'atelier peut être suivi de journées de conseil pour approfondir des cas spécifiques à vos processus et contraintes, compléta Axel.

— L'atelier a pour objectif de faire comprendre les possibilités, ajoutais-je. Pour la mise en œuvre, nous pouvons vous soutenir avec nos équipes de conseil comme l'a expliqué Axel. Nos consultants peuvent intervenir de quelques jours à quelques semaines. Certains clients ont aussi mis leurs règles en place seuls, d'autres ont souhaité nous sous-traiter un premier cas. Le mieux est un cas suffisamment représentatif pour convaincre vos équipes.

— L'idée d'un atelier me semble intéressante. Vous intervenez sur site, n'est-ce pas ?

— Oui, en général, c'est un sujet qu'il est préférable d'aborder en intra-entreprise, en réunissant les utilisateurs clés des fonctions impliquées. L'idée, c'est de démarrer un dialogue entre elles pour qu'elles s'approprient le sujet. Comme cela touche à des processus transversaux, il faut l'utiliser pour amorcer une dynamique de changement des processus internes.

— Il serait préférable que ce type de formation se fasse en allemand. Qui réalise les ateliers de votre côté ?

— Nous avons différents consultants qui peuvent intervenir sur le sujet, répondit Axel. L'un des plus expérimentés est Kai Degussa.

— Ok, répondit Werner Kahl. Monsieur Hartmann,

faites-nous nous une offre de service pour un atelier de deux jours.

De retour vers la voiture, Axel fume une cigarette avant de reprendre le volant.

— Je pense qu'il a saisi le potentiel, commenta-t-il.
— Oui, c'est agréable de discuter avec des clients qui sont dans le cœur de cible.
— Je vais parler aux équipes pour que l'on prévoit des entretiens ciblés sur le *quality ruling*. Il faut que l'on plante cette graine chez tous les utilisateurs de la version 3 qui font de la moyenne série et que l'on ait un retour d'expérience là-dessus lors des prochaines réunions utilisateurs.

ILLUSION

L'idée de revoir C. me rendait nerveux. Je fus soulagé de constater que, trois semaines après notre première rencontre, elle était au rendez-vous d'un nouveau *Franzosenstammtisch*. En mon fors intérieur, son souvenir continuait de résister aux analyses de Freukdenstein. Pendant une vingtaine de jours, il avait inlassablement cherché une faille. Puis, hier soir, il avait relevé la tête vers moi d'un regard parfaitement perplexe, les bras tendus vers l'avant, les paumes tournées vers le haut, d'un air de dire : rien à faire, j'ai tout essayé, à toi de jouer maintenant. En toute logique, cela signifiait qu'il y avait un bug. L'illusion de perfection tenait. Peut-être que de nouvelles perceptions éclairciraient la nature du problème.

Nous arrivâmes presque en même temps.

— Ah, Mario, tu es déjà là. Bonsoir.
— Bonsoir C., lui retournais-je.
— Avec vous la soirée devrait être agréable, ajouta-t-

elle un brin mystérieuse.

Elle se pencha vers moi et chuchota en écarquillant légèrement les yeux en direction d'Herbert.

— Venez nous allons nous mettre à gauche. Nous serons moins ennuyés de la compagnie.

Je clignais des yeux pour approuver. Mon dieu, ce ton, complice, mais fin et distant. J'ai l'impression que nous nous comprenons comme si nous étions ensemble depuis des années. A quel moment y aura-t-il la chute brutale vers la réalité ?

— Excusez-moi de vous avoir tutoyé, c'est mon français qui n'est pas beau, fit-elle une fois assise.
— Nous pouvons rester sur le tutoiement, proposais-je, le cadre du Stammtisch n'est pas si formel que ça, n'est-ce pas ?

Elle réfléchit un court instant, sembla hésiter puis me sourit.

— Entendu, ce sera un exercice différent. Bonne idée.

Elle semblait se protéger. Mais je sentais une empathie entre nous, comme si elle non plus n'y pouvait rien.

— Comment ce sont passées les vacances avec vos enfants ? Tss, avec tes enfants, corrigea-t-elle d'un sourire. Je n'ai pas parlé français depuis trois semaines, il faut être indulgente pour moi.

Un flot de banalités me montait à la bouche. J'avais l'avantage de parler ma langue maternelle et pus donc continuer à maintenir l'illusion d'une conversation décontractée, normale. Jocelyne nous souriait de temps à autre d'un air entendu.

— Tu retournes donc à Paris dans dix jours, déduisit

C. faisant tout d'un coup une pause d'un air songeur.

C'était le signal, la perche tendue vers une conversation, vers une relation plus personnelle, plus intime. L'invitation n'était pas dans les mots. Elle était dans le débit, dans le ton de la voix, dans la longueur de la pause, une demi seconde plus longue que les autres, des pensées moins contrôlées, une envie de relâchement.

— On dirait que cela te tenterait presque de venir, commentais-je, analytique, comme si Freukdenstein m'avait soufflé la réplique.
— Peut-être, mais ça ne va pas, le week-end prochain Laura et moi sommes ensemble.

Elle se reprit comme réveillée, sourit, regarda l'heure sur son portable, cacha un instant son visage dans ses longs cheveux châtains noirs bouclés.

— Je reviens, m'assura-t-elle, se levant en direction des toilettes.

Elle revint quelques minutes plus tard, calme, plus sure d'elle. Le Stammtisch touchait à sa fin.

— Mario, tu disais que tu t'intéresses au processus, aux techniques de création. Il y a une exposition temporaire sur les techniques de peinture à la Pinakothek der Moderne en ce moment. Ca s'appelle *detective stories*. J'ai entendu dire du bien de cela. Est-ce que ça te dirait d'y aller ce week-end ?

Alors que j'acceptais et fixait un rendez-vous, Freukdenstein s'enfuit horrifié, courant, levant les mains au ciel. Il avait perdu. Il reviendrait, certainement, mais plus tard. Je pouvais renoncer au C., dire Claudia.

Le quartier de la Maxvorstadt est un faubourg de Munich situé au nord du centre historique. Il fut construit au XIXe siècle sous Louis Ier de Bavière en l'honneur de son père, Maximillian. Louis y fit ajouter une caserne, la caserne des Turcs qui hébergeait la garde personnelle des rois de Bavière. Ce long bâtiment en U dont les ailes faisait chacune plus de 200 mètres avait peu ou prou la longueur de la cour de la cité de la Muette, un format bien établi. La caserne endommagée pendant la Deuxième Guerre mondiale fut rasée dans les années 1960, libérant une réserve foncière en pleine ville. Des bâtiments universitaires et trois musées se la partage aujourd'hui : le musée des cristaux, le musée Brandhorst et la Pinakothek der Moderne. Cette dernière héberge quatre collections permanentes sur 12.000 m2, soit une surface équivalente aux deux tiers du Musée d'art moderne du Centre Georges Pompidou de Paris. La principale collection rassemble les œuvres d'art contemporain de l'état de Bavière. Elle offre ce que l'on attend d'un musée d'art moderne : de l'expressionnisme, du fauvisme, du cubisme, du surréalisme, quelques œuvres locales comme celles du Blaue Reiter, le cavalier bleu. Ce groupe d'expressionnistes rassembla à Munich des artistes russes et allemands autour de Wassily Kandinsky entre 1911 et 1914 : Alexej von Jawlenssy, August Macke, Franz Marc, Gabriele Münter, Marianne von Werefkin.

Claudia et moi, nous nous étions donné rendez-vous à 14h00. Connaissant le statut de la ponctualité sur l'échelle des valeurs allemandes, j'avais fait en sorte d'arriver en avance et de reconnaître les lieux. C'est donc vers 13h45 que je m'engageais sous la coupole de la Pinakothek der Moderne. Mon impression d'être en avance fut de courte durée : Claudia feuilletait un livre dans les allées de la boutique du musée. Je l'y rejoins.

— Tu connais ? dit-t-elle me montrant la couverture et appuyant une seconde son épaule sur la mienne.

— Oskar Kokoschka ? Non, je ne connais pas, mais son nom est sur l'affiche de l'exposition, n'est-ce pas ?
— Oui, tout à fait. On dit qu'Hitler l'avait nommé ennemi numéro un de l'art. Ce que je ne savais pas, c'est qu'ils avaient presque le même age. Hitler était plus jeune de trois ans. Ils vivaient tous les deux à Vienne avant la Première Guerre mondiale. Kokoschka a été admis à la Kunstgewerbeschule, l'école des arts appliqués, en 1905. Hitler a été refusé par deux fois à l'Académie des beaux-arts de Vienne. Kokoschka a écrit des pièces de théâtre. Hitler a refusé une place d'apprenti comme peintre pour le théâtre. En 1915, Kokoschka est blessé à la tête sur le front est. En 1916, Hitler est blessé à la cuisse sur le front ouest. En 1919, Kokoschka est nommé professeur d'art à l'université de Dresde. La même année, Hitler suit ses premiers cours d'orateur anti-bolchevique à Munich.
— Etonnante symétrie, commentais-je.
— Si tu veux, on pourra aller voir l'un de ses tableaux dans l'exposition permanente.

Une heure plus tard nous nous tenons face à une huile sur toile de *94 par 145 cm* représentant trois personnages. *Die Auswanderer, les expatriés, 1916-1917* explique la petite plaque blanche à côté du tableau.

— La femme à droite, c'est Käthe Richter, une actrice qui joue dans des pièces de Kokoschka à Dresde. Elle l'a aidé à oublier la passion foudroyante qu'il avait eu à Vienne pour Alma, la veuve de Gustave Mahler. Au milieu, c'est le psychiatre viennois Fritz Neuberger. Il a aidé Kokoschka et d'autres artistes à éviter le retour au front. Lui est mort ironiquement en 1918 lorsqu'il ne peut plus sauver d'artistes. Tout à droite, c'est Kokoschka lui-même, en retrait, dans les mêmes tons que le paysage. Il observe. Il se regarde peut-être lui-même avec une certaine froideur, avec lucidité. Ses deux amis, eux, sont perdus dans leurs pensées. Ils ont un regard doux, nostalgique, tu ne trouves pas ?

Je continuais de regarder le tableau, sans rien dire. Claudia continua :

— Cela représente toute la douce indifférence du monde. Pour elle, c'est une vie de femme du début du vingtième siècle. Pour lui, ce sont les maladies des soldats revenus de la mort, avec des parties de l'âme et du corps en moins. Chacun ne peut aider l'autre que ponctuellement, de temps en temps. Pour le reste, pour l'essentiel, chacun porte la charge de ses propres soucis.

Je regardais Claudia. Elle semblait dire ce qu'elle pensait. Elle n'avait pas de pédanterie intellectuelle. Elle exprimait ce qu'elle ressentait face à ce tableau, à ce moment précis. Je regardais le profil de son nez, j'entendais sa voix ronde, une peu rauque. Elle me regarda :

— Tu ne dis rien ?
— Qu'ajouter Claudia ? On dirait que tu lis dans les pensées de Käthe, de Fritz et de Kokoschka.
— Ok, *fair enough*, conclut-elle en riant. C'est vrai, j'aime bien ce tableau. Je vais le voir chaque fois que je viens ici. Je peux le fixer pendant de longues minutes sans rien dire. Je pense qu'il me rappelle que je viens moi-même de Dresden.

Elle fit une pause comme si elle se réveillait :

— Qu'est-ce que tu veux faire maintenant ?
— Quand dois-tu rentrer ?
— Je dois être chez moi à 18h00, donc je disparais au plus tard à 17h15, dit-elle en regardant sa montre, soudain sérieuse, un peu sombre. Elle me gratifia d'un regard de côté à travers ses cheveux défaits. Elle me dévisagea comme si je représentais un danger, puis soupira.
— Viens on va aller dans un café en direction de la station de U-Bahn. On peut encore prendre un thé ensemble. J'ai envie de parler avec toi.

Dehors nous marchons côte à côte. Une sorte d'interrogatoire commence.

— Comment ça se fait que tu ais un prénom italien ?
— C'est pour honorer un ami de la famille, un camarade communiste qui a aidé mon grand-père à fuir de Grèce en 1936. Il pense lui devoir la vie ou en tout cas d'avoir éviter la prison pendant la dictature.
— Dans combien de temps penses-tu partir de Munich ?
— Il n'y a pas de date précise. A priori mon séjour devrait être de six mois à un an. J'en parle fin novembre avec mon chef.
— Et après tu vas où ? Tu rentres en France ?
— Oui, probablement. Comme tu le sais à Guyancourt, près de Versailles.
— Combien de temps faut-il pour aller de Munich à Guyancourt ?
— En avion, à peu près une heure trente.

Elle hésita, me regarda.

— Je sais que c'est très indiscret, très personnel, mais

pourquoi tu n'es plus avec ta femme ?

Là, il fallait que je réfléchisse plus longtemps. Je me sentis frissonner, cherchais des mots. Elle me prit le bras :

— Viens on va traverser, c'est là, fit-elle en montrant un café de l'autre côté de la rue. Oublie la question, ajouta-t-elle, je ne veux pas te rendre triste. Tu as droit à des jokers si je suis trop *inquisistelle*.

Inquisitrice, pensais-je doucement devant moi.

— Je suppose que je peux moi aussi te poser des questions. N'est-ce pas ?
— Oui, quand nous serons assis, Monsieur Ionidis, expira-t-elle d'un ton espiègle en montrant d'un signe l'entrée du café.

Alors qu'elle enlève son manteau, elle m'en dit plus :

— Tu sais les parents divorcés n'ont pas beaucoup de temps. Et c'est certainement encore plus vrai pour le conjoint qui a la garde principale et c'est encore plus vrai lorsqu'il travaille.

Je hochais la tête et approuvais :

— Là, tu coches toutes les cases.
— Toutes les cases ? Ah, oui, tout à fait, toutes les cases et quelques autres. Je travaille même à plein temps, tu vois.
— Et pour l'instant, c'est quoi ta priorité ? voulais-je savoir.
— Priorité ? Priorité dans quel domaine ?
— Dans tous les domaines, dans ta vie.
— Tja, fit-elle, levant les yeux, puis se tournant vers le barista. Bonjour, Un *capuccino grande* s'il vous plaît.

Je commandais la même chose.

— Tu veux un gâteau, Mario ?
— Je ne sais pas, et toi ?
— Non, pas encore, tu vas me faire parler, n'est-ce pas ? Je n'aime pas parler la bouche pleine.

Le garçon revint quelques minutes plus tard deux tasses sur un plateau. La mousse des cappuccinos était décorée d'une fleur.

— Pour l'instant, je cherche à assurer l'essentiel et à éviter les imprévus, rester équilibrée, m'occuper au mieux d'Anna.
— Comment es-tu passée de Dresde à Munich ?
— J'ai passé tout mon enfance à *Dresden*. Après le lycée, j'ai eu la possibilité de faire une formation, on disait employée en technique d'écriture, *Facharbeiter für Schreibtechnik*. J'étais en alternance dans une filiale de Robotron. C'était le plus grand fabricant de composants électroniques en Europe de l'Est. J'ai eu mon diplôme en 1989. Un an plus tard, l'entreprise a été fermée, mes parents m'ont poussée à chercher un travail à l'ouest. J'ai préféré le sud, conclut-elle, portant la tasse à ses lèvres.

Elle déglutit, huma les aromes de sa tasse et la reposa en poursuivant :

— A moi maintenant. Est-ce que tu parles grec ?
— όχι!
— Ca, c'est non ? Dommage.
— Quelle est votre couleur préférée ?
— Ca dépend.
— Ca dépend de quoi ?
— Du temps. En général le bleu, souvent l'orange ou le rouge. Et vous Madame Geschwend ? Quelle

est votre couleur préférée ?

— Geschwend, allons ? Pour vous je serai madame Rausch.

— Rausch ? C'est la fumée en allemand, non ?

— Non, Rauch, c'est la fumée. Rausch, mon nom de jeune fille, ça veut dire la griserie, l'ivresse.

— Ca a quelque chose à voir avec l'activité de tes ancêtres ?

— Attention Mario, tu deviens impertinent. Je pense que ça a plutôt quelque chose à voir avec l'effet que mes ancêtres ont eu sur les autres.

— Bien, je note et ferai preuve de modération, mais accepte ma question. Quelle est ta couleur préférée ?

— En général, magenta bordé de noir ou un rouge sans ajout, sinon toutes les couleurs de l'autonome.

— Ton plat préféré ?

— Qu'est-ce tu sais cuisiner ?

— Oh, ok. Laisse-moi réfléchir. Des crêpes aux fleurs de courgettes.

— Voilà.

Un peu plus tard, je ne pus m'empêcher de demander.

— Comment aimerais-tu te souvenir de cette journée ?

Là elle réfléchit vraiment.

— Je ne sais pas. Je ne veux pas utiliser de mots inappropriés. Ce que je peux dire, c'est que je me sens bien avec toi. C'est déjà beaucoup. Je n'ai pas de nœud au ventre, je n'ai pas non plus de papillon, ce qui serait un peu dangereux. Tu comprends ?

— Je comprends.

Je regardais ma montre, elle fit de même :

— Le gong va sonner, fis-je.

Elle hocha la tête de bas en haut en silence.

— Tu veux que l'on se revoit ? demandais-je doucement.

Elle écarquilla les yeux et hocha à nouveau la tête, deux fois, de bas en haut.

— Tu veux que l'on fixe une date ?
— Je ne serai pas là mardi prochain. Nous avons trop de travail au bureau cette semaine. Le week-end prochain, nous avons les enfants et tu es à Paris.

Elle réfléchit, fit une pause, me regarda, hésita :

— Mardi, dans dix jours. Si tu veux au lieu d'aller au Franzosenstammstisch on peut faire quelque chose à deux. Quand les jours deviennent plus courts, j'aime aller nager au Dantebad. C'est une piscine extérieure chauffé. On pourrait s'y retrouver vers 21h30. Ca te va ?
— Ca me va. C'est où exactement ?
— C'est près de la station Westfriedhof sur la ligne de métro numéro un. Dantebad, le bain de Dante, comme l'auteur de la Comédie Divine.

DANTE

Je savais que cette relation pouvait s'arrêter aussi rapidement qu'elle était venue, même plus rapidement. Il suffisait d'un désaccord, d'une lassitude, de n'importe quoi d'autre de bénin ou plus simplement de mon retour en France. Mais j'avais confiance. Cette confiance voyait en l'amour un leurre qui l'avait déjà piégée, qu'elle cherchait à éviter, mais elle sentait que, même si la relation avec Claudia s'arrêtait, ce serait sans douleur, ni pour elle ni pour moi. Etrange sérénité.

Après un mois, être à nouveau en France m'a fait du bien. Même l'odeur d'huile des rails du RER me disait « tu es chez toi ici. » Je me surprends à suivre attentivement les conversations dans les lieux publics, savourant de les comprendre. Je suis parti dès jeudi soir afin de caler quelques rendez-vous internes autour de mon entretien avec Joël. Dans notre organisation matricielle, Peter était mon chef opérationnel. Joël restait mon chef hiérarchique.

— Comment ça se passe à Munich ?
— Bien, on progresse. Les équipes commencent à comprendre la version 4 et que l'on veut faire réussir leurs clients. Néanmoins, en termes de construction de la confiance client, ce sera plus long qu'en Angleterre.
— Ok, je t'écoute.
— L'expertise interne sur les modules les plus pertinents de la version 4 est en cours de construction. Il y a deux ou trois bons consultants crédibles face aux clients, mais ils ont besoin de succès locaux, en particulier dans l'automobile. Ca se met en place. Mon impression, c'est qu'il faudra bien compter 12 à 18 mois avant que cela tourne comme en Angleterre, mais il y a beaucoup plus de potentiel. Ce serait bien de faire progresser quelques personnes qui sont clé pour le succès de la filiale. Qu'en dit Peter ?
— Il apprécie ton action. Il est positif sur le changement d'attitude de son équipe de direction vis-à-vis de la version 4 dès le premier mois. Tous les clients de la version 4 sont désescaladés. Il a dit

que tu ne quittes plus Axel Hartmann et que vous êtes en train de faire le tour des clients importants.
— Oui, actuellement nous travaillons les leaders d'opinion. L'idée, c'est de préparer le terrain pour avoir des témoignage en janvier à la réunion des utilisateurs germanophones.

Joël regarda par la fenêtre en direction de la forêt de Meudon.

— Peter nous a demandé de te garder jusqu'à la fin de l'année prochaine et, dans tous les cas, au moins jusqu'en juin. On trouve ça un peu long, mais si vous confirmez tous les deux que ça a du sens, on vous laisse faire.
— Actuellement, ça a beaucoup de sens.
— Les enfants ne te manquent pas trop ?

J'eu un drôle de sourire en biais, penché d'un côté.

— Ca va. Je ne les verrai pas beaucoup plus en étant ici.

Le mardi suivant, je suis vers 21h20 dans le hall de la piscine de Dante. Dehors, il fait quatre ou cinq degré, il fait nuit, il pleut. Claudia arrive vers 21h30. Elle semble fatiguée, mais détendue. Elle porte un jogging, un anorak de ski, un petit sac à dos. Ses cheveux longs dépassent d'une capuche qu'elle fait tomber une fois à l'intérieur.

— Si ça te va on nage une vingtaine de longueurs. Le bassin fait 50 mètres. Ca fait un kilomètre. Après on peut se reposer dans le petit bassin ou on monte manger quelque chose dans le bar au dessus de la piscine. Ok ?
— Oui, 20 longueurs, ça me va.
— Alors, on se retrouve derrière, me lance-t-elle en

disparaissant dans le vestiaire de droite.

Je pars à gauche. Nous nous retrouvons quelques minutes plus tard en maillot de bain dans un long couloir humide, sombre, glacé.

— C'est par là, me fit elle en s'engageant dehors les bras autour du corps.

L'eau heureusement est chaude. L'effort commence. Je me sens bien, je ralentis pour trouver un rythme régulier. Claudia est dans la ligne d'à côté. Nous nous croisons à chaque longueur. Je le reconnais à la couleur de son maillot, à sa silhouette rapide. Après trois longueurs, fatigué, je passe à la brasse. Une vingtaine de longueurs plus tard, je m'accoude au bord, reprends mon souffle. Claudia continue, revient. Je lui fait signe que je sors, je vais l'attendre dans le petit bassin. Elle m'y rejoint.

— On respire bien dans la nuit de Munich.
— Alors, ça te plaît le Dantebad ?
— Oui, merci de m'avoir amené... aux portes de l'enfer.
— Le mieux, cher Monsieur Ionidis, c'est le bar au-dessus de la piscine.
— Bien, si c'est le paradis, allons-y, madame Rausch, la natation ça creuse l'appétit.

Elle me gratifia d'un sourire enjôleur, inspira profondément gonflant sa poitrine, mit la tête en arrière dans l'eau et nagea quelques mètres jusqu'au bord opposé du bassin, puis sortit en direction des vestiaires. Un quart d'heure plus tard, nous sommes au *Hechtsprung*, le saut du brochet, ce qui en langue parlée signifie quelque chose comme un plongeon les bras tendus, sans élégance. Le bar est au dessus des vestiaires. On y accède par la rue. En haut, une longue baie vitrée donne sur la piscine. Au centre, une embarcation d'aviron en bois couverte d'un plateau de verre fait office de table basse. C'est là que nous sommes assis, côte à côte.

— Mario, admettons que je m'intéresse à toi, me dit elle en me prenant l'avant-bras de sa main droite. Qu'est ce qui se passe dans six mois quand tu rentres à Paris.
— Je ne sais pas Claudia. Ca dépend de nous deux. Comment est-ce que tu définirais une relation homme-femme heureuse ?
— Heureuse ? Tout de suite les grands mots, reprit-elle. Heureuse, répéta-t-elle comme si l'adjectif avait résonné, sonné creux. Je n'en demande pas tant, Mario.
— Fructueuse, alors ?
— *Fruchtig oder fruchtbar, whatever*, murmura-t-elle. Oui, fructueuse, c'est plus mon niveau d'attente, rit-elle. Mais tu penses à quelle sorte de fruits ?

Je souris, elle m'entraînait vers la définition du plaisir, une bonne base de discussion.

— Tu ne dis rien Mario ? ajouta-t-elle au bout de quelques secondes, me regardant la tête penchée, une main dans ses cheveux.

Je lui souris tendrement :

— C'est une question complexe. J'ai peur qu'elle ne nous prenne beaucoup de temps.
— Je suis patiente.
— Bien, je voudrais éviter de te faire mal.
— De quelle façon pourrais-tu me faire mal ?
— En te faisant des promesses que je ne peux finalement pas tenir, en te prenant de l'énergie dont tu as besoin pour ta fille et pour ta vie au

quotidien.

Elle hocha de la tête :

— Oui, ça il ne faut pas y toucher.

Elle but une gorgée de bière :

— Mais dis-moi plutôt ce que tu peux m'apporter. Sois positif.

— J'aimerai te dire de la sérénité, de la confiance en toi. Je pense que c'est ce dont nous avons le plus besoin après une séparation.

Elle hocha de la tête :

— Continue. Comment comptes-tu y parvenir ?

— En passant du temps ensemble.

— Et dans six mois ?

— A priori, je suis là jusqu'à fin juin, peut-être même un peu plus, mais bon, je suis d'accord avec toi, la question se posera.

— Vivre en Allemagne, c'est une option ?

— Oups, tu avances vite, dis-je songeur. Si je te retournais la question : est-ce que vivre en région parisienne, c'est une option pour toi ? Qu'est-ce que tu répondrais ?

— Je ne sais pas. Je penserai d'abord à Anna, à sa scolarité, à ma possibilité de trouver un travail sur place. Je crois qu'Anna me haïrait à jamais si je lui faisait quitter Munich. Et puis il y a son père ici et tout la famille de mon ex-mari. Sans parler de mon travail, je l'aime beaucoup, je suis respectée, bien payée. Si je devais travailler en France, je ne sais pas ce que cela donnerait. Tu sais, je travaille en back-office dans l'assurance. Ca n'est pas simple de changer de pays. Je partirais sûrement de zéro.

— Pour moi, c'est pareil. J'ai un travail passionnant

dans une entreprise qui est au cœur des processus de conception industrielle. C'est l'endroit idéal pour avoir un impact positif par mon travail. J'ai l'impression d'aider l'humanité à trouver plus vite des solutions à toute sorte de problèmes, en tout cas de contribuer à ce que cela soit possible.
— Tu sauves le monde, mais ton mariage a coulé.
— Oui, c'est un peu ça, répondis-je en présentant ma bouteille de bière pour trinquer.

Hésitation, Claudia tend la sienne lentement et tapote le goulot avec retenue. Elle marque un désaccord, peut-être mi-amer, mi-ironique.

— Excuse-moi, je ne devrais pas me moquer de ton travail, mais j'ai cru entendre mon ex-mari. Il me laisse tout le boulot et se vante de faire carrière. Son ego et son arrogance me font mal.

Elle tourne la tête quelques secondes, puis continue.

— J'aime bien être avec toi Mario. Je me sens un peu grisée, un peu plus moi-même, légère, sans souci. Il faut que cela reste comme ça.
— *So soll es sein*[4], Claudia.

Je tends le goulot de ma bouteille. Cette fois, Claudia entrechoque en me regardant dans les yeux. C'est à ce moment-là que j'ai eu envie de l'embrasser.

— Il faut que nous rentrions. Je dois me lever à 6h00 demain.
— Bien sûr, je te raccompagne si tu veux. Je suis venu en voiture.
— En voiture ? Oui d'accord.

La pluie reprit. C'était étrange, j'avais bu, je ressentais cette chaleur intérieure, ce léger vertige dû à l'alcool.

---

[4] C'est ainsi que cela doit être.

Nous n'avons rien dit pendant le trajet. Claudia était sur le siège avant en jogging et anorak. Les bras croisés sur son sac à dos. Je la regardais quand les feux passaient au rouge.

— C'est là ?
— Oui, tu peux te garer après la voiture rouge.
— Est-ce que tu veux que l'on se voit ce week-end ?

Elle secoua la tête de bas en haut brièvement :

— Oui, plutôt dimanche. Samedi je dois me reposer et préparer la semaine. Je t'envoie une e-mail. D'accord ?

A mon tour, je fis un signe de la tête :

— Oui, d'accord... File avant que je ne veuille te retenir.

Elle ouvrit la porte, se pencha vers moi, me caressa la joue une seconde puis sortit :

— Bonne nuit monsieur Ionidis, à bientôt.

Nous avions rendez-vous le lendemain chez Audi à Ingolstadt. Commercialement, Audi est suivi par Markus, mais c'est Axel qui mène la danse. Il avait signé le compte six ans auparavant.

— Audi, ça veut dire « écoute » en latin, commence Axel. Et c'est exactement ce que nous allons faire. Le patron du design s'appelle Anton, comme la station de ski autrichienne. S'il est là, c'est bon signe. Il parle beaucoup. La dernière fois, il est parti sur un monologue assez général de 15 minutes. On l'écoute attentivement, on hoche de la tête. Pas seulement pour lui faire plaisir. Il distille des clés sur leurs intentions. Ensuite, il y a Thomas Barini. Attendez-vous à des questions sur le *quality ruling*. Barini est impliqué dans les clubs

utilisateurs, il en a entendu parler. S'il n'en parle pas de lui-même on amènera le sujet. Ok ?
— Si claro, répondit Carsten.
— Jawohl, confirmais-je.
— Yep, conclut Markus.
— Comme toujours, l'objectif, c'est d'amener le client vers une vision plus large. Les possibilités de collaboration avec les fournisseurs sont clé, mais on les laisse venir là-dessus. Il faut essayer de comprendre où ils en sont, où ils veulent aller. Barini va nous rappeler qu'ils ne sont pas prêts à payer le même prix au renouvellement du contrat, qu'il a des alternatives, etc., rien de nouveau. S'il part là-dessus, laissez-moi recadrer. Les discussions achats, on les aura plus tard.

Axel nous regarde, se penche en avant, repart :

— Carsten, toi, tu t'occupes principalement de Barini et Barth. Jan Barth, c'est un grand blond, maigre avec des lunettes métalliques. C'est le super-utilisateur de l'équipe. Il parle très peu, enregistre tout. Connaît le design moteur comme les poches de son veston. Si besoin est ou si ça devient trop philosophico-collaboratif, tu fais intervenir Mario. Ok ?
— Oui, ça marche.
— Markus, de ton côté, tu vois autre chose à dire sur Audi ?
— Oui, Barini a demandé des aménagements de contrat, en particulier en cas de montée de version. Il veut que nous cofinancions leur effort de mise en œuvre.
— Ok, est-ce qu'il t'a envoyé des questions par écrit ?
— Non.

— Donc, on lui demandera de préciser ce qu'il veut et on reviendra vers lui dans un deuxième temps. Ca fera partie de la négociation globale. A ce stade, on présente juste l'évaluation préliminaire préparée par Carsten et Christian. Ok ?

Markus hocha de la tête.

— Bien, si vous n'avez plus de questions, on jette un coup d'œil sur les slides. Markus, tu peux les afficher ?

Tout se déroula comme prévu. Jeudi soir, j'avais *une* e-mail de Claudia :

> *Bonsoir Mario, dimanche il fera beau. Si tu veux on va se promener au Chiemsee. Ca te rappellera Versailles. Peux-tu me prendre chez moi vers 9h00 ? Claudia*

LES GALETS

Le Chiemsee est le plus grand lac alpin entièrement bavarois. Il est situé à une heure de route à l'est de Munich. Son île principale, Chiemsee aux hommes ou Herrenchiemsee, accueille deux châteaux. Le plus vieux est un ancien monastère bénédictin transformé en édifice baroque, puis en brasserie, puis retourné sous Louis II dans le giron de l'Etat *libre* de Bavière. L'autre, le château neuf, est le dernier projet architectural de Louis II, un petit Versailles achevé en 1886 et dont le jardin occupe l'essentiel de l'île. Il comprend un grand canal prolongé jusqu'au lac. Les Préalpes du Chiemgau font office de toile de fond avec divers sommets de 1.700 à 2.000 mètres. L'ambiance dominante est moins urbaine, moins chargée d'histoire que celle de Versailles. Elle offre un cadre propice à la réflexion. C'est à Herrenchiemsee, dans l'ancien château, qu'en 1948 s'est retirée une commission d'experts chargée de préparer un projet de constitution pour la république fédérale d'Allemagne. Etait-ce dans une optique similaire que Claudia avait choisi cette destination pour passer notre première journée ensemble ? Je n'étais pas assez direct pour le lui demander. Elle me donna rapidement une forme de réponse.

Il était onze heure, nous descendions du château neuf en direction du lac en suivant le canal. Le soleil restait assez bas, il faisait un froid humide. Par endroit, de la neige couvrait l'herbe jaunie.

— Mario, nous sommes tous les deux divorcés avec des enfants. Dans quelques mois, tu retournes à Paris à presque mille kilomètres d'ici. Explique-moi quel genre de relation nous pouvons avoir ?
— C'est une bonne question. Je me la pose moi-même. Rationnellement, disons statistiquement, nos chance de reformer un couple patchwork qui dure sont minces. Avec ton niveau de français, tu trouverais certainement un travail à Paris, mais es tu prêtes à quitter Munich, à avoir un travail moins bien payé, à emmener ta fille en France ou à la laisser à son père ?

Je résumais notre discussion précédente. Claudia secouait la tête négativement à chacune de mes questions et me rappela que nous en avions déjà parlé.

— Inversement, moi, c'est pareil, sauf qu'en plus mon niveau d'allemand est basique.
— Tu pourrais postuler dans un département de design ?
— Sans parler allemand ?
— Dans une entreprise internationale. Je ne sais pas moi, un constructeur automobile, Eurocopter, Siemens, Infineon. Ce ne sont pas les entreprises

qui manquent à Munich.
— Même si ça marche Claudia, il me faudrait voir mes enfants moins souvent. Ils sont encore très jeunes. J'ai besoin d'eux, comme toi d'Anna.
— Tu ne m'a pas comprise Mario, reprit-elle d'un ton doux, déterminé, prenant la manche de mon anorak. Je ne te demande pas pourquoi ou comment ça ne peut pas marcher. Je te demande comment ça va marcher.

Je m'arrêtais, lui souris en lui prenant les mains :

— Excuse-moi, je n'avais pas compris.

Je me rapprochais la tenant toujours par les mains. Je la pris dans mes bras doucement en disant :

— Alors, dans ce cas, ça va marcher comme ça. On ne sait pas exactement comment, mais avec de la patience, de l'écoute, de la sérénité, de la tendresse, des sourires, de la confiance, de l'humour, du temps ensemble.
— Oui, c'est bien ça, me dit-elle en serrant sa tête contre ma poitrine. Je prends ça.

Claudia sentait bon. Elle était tout ce que je pouvais désirer, seulement au mauvais endroit, loin de mes bases. Mais était-ce vraiment un mauvais endroit ? Etait-ce vraiment moins bien que si nous nous étions connus en région parisienne ?

— Qu'est ce que tu dis ?
— Je dis que, souvent, c'est ce qui ne doit pas ou ne peut pas marcher qui paradoxalement fonctionne le mieux.

Elle m'embrassa tendrement, doucement, comme une caresse.

— Explique-moi comment ça fonctionne le temps à

deux.

Nous longions la rive et parlions, comme si une sorte de pacte de notre relation prenait forme.

— Il faudra le définir ensemble au quotidien, de façon à rester flexibles vis-à-vis de nos contraintes. Je veux dire de nos contraintes structurantes : obligations familiales, contraintes d'horaires, obligations professionnelles. A côté de ça, on peut définir des points d'ancrage à l'avance, des moments où l'on se retrouve, où l'on s'isole justement de ces contraintes pour être ensemble. Où et quand, on le décide en fonction de nos possibilités. L'important, c'est que l'on se respecte, que l'on se comprenne, que l'on se fasse confiance.

— Hm, hm, continue.

— Ces moments ensemble doivent nous apporter de l'énergie. On doit en revenir reposé, rafraîchi, plus équilibré. Si on sent que cela nous coûte trop, nous prend plus d'énergie que cela nous en apporte, il faut que l'on en parle et que l'on discute de ce qui fonctionne bien et de ce qui fonctionne moins bien.

— Donc on sait que l'on ne peut pas vivre ensemble et on l'accepte. C'est ça que tu proposes ?

Je soupire :

— Oui, c'est un peu ça, mais sans l'exclure. On peut faire des essais de rapprochement, petit à petit, voir jusqu'où on peut aller, jusqu'où on veut aller. Actuellement et disons à moyen terme, ça ne me semble pas faisable. C'est de toute façon un peu tôt pour savoir jusqu'où on peut aller. Qu'est ce que toi tu en penses ?

— Disons que je suis un peu échaudée en ce qui concerne le rôle de la femme dans une relation. J'ai *déjà donné*, on dit, je crois.

Je me taisais quelques douzaines de pas, puis repris :

— Je pense que l'on peut rester pragmatique, expérimenter ce qui fonctionne et ce qui fonctionne moins bien pour nous. Si on arrive à en tirer le meilleur et pour moi c'est de l'énergie que l'on donne et reçoit, c'est bien. Vivre ensemble comme par obligation, comme si c'était le seul modèle de couple, ça on peut le remettre en question, essayer de trouver ce qui fonctionne vraiment pour nous. L'important pour moi, c'est qu'à aucun moment on ne se retrouve dans une situation où l'un de nous fait du mal à l'autre ou pire où l'on commencerait à se rendre malheureux l'un l'autre.

En guise de réponse, Claudia m'entoura de ses bras. Je me sentais léger, comme si une grosse charge avait soudain quittée mes épaules, comme si un voile de tristesse était tombé, resté en arrière sur les rives du lac. J'aurai voulu que cette promenade ne s'arrête jamais. Je pense que c'est l'un de ces moments de bonheur dont je me souviendrai longtemps. Je savais que cela pouvait être brisé par une parole, par un geste, un trait d'humeur mal placé et cela il faudrait encore que nous en parlions. Je cherchais des mots pour l'exprimer, pour le parer.

— Claudia, tout à l'heure on va se séparer. Tu va rejoindre ta fille, ton quotidien. Comment est-ce que tu veux que l'on se sépare ?
— Tu as une théorie là-dessus ?
— Non, je peux essayer d'en trouver une, répondis-je.

— Qu'est ce que tu dirais de ça : *kurz und schmerzlos* ? Euh, bref et sans douleur ?

— Oui, ça me va : kurz und schmerzlos.

— Après réflexion, peux-t-on y ajouter un baiser, un sourire ou un petit signe de la main ?

— Oui, bien sûr, monsieur Ionidis. Je ne voudrais pas blesser votre sensibilité.

— *So, so.* Qu'est ce que tu dirais de s'entraîner, maintenant ? Tu me montres comment ça fonctionne le *kurz und schmerzlos* ?

Nous nous arrêtâmes. Claudia me pris les avant-bras, posa un baiser sur mes lèvres, se retourna et partit avec un dernier regard et un petit signe de la main. Puis, elle revint.

— L'important c'est que tu ne me retiennes pas physiquement. Tu peux faire une caresse pour me donner envie de rester une seconde de plus, mais aucun geste qui fasse obstacle à mon départ. D'accord ?

— D'accord.

— Il faut que je sente que je ne suis pas retenue, que ma décision de partir n'a pas d'entrave.

Elle me prit la main.

— Tu vois si tu me tiens l'épaule comme ça.

Elle mit ma main sur le côté de son épaule.

— Ca va, je peux partir. Si tu la mets là.

Elle mit ma main derrière son épaule.

— Tu me retiens, ça commence à me faire douter, ça devient *schmerzvoll*, douloureux. *Toi comprendre* ?

Je hochais affirmativement de la tête. Nous essayâmes encore quelques fois avec différents degrés d'intensité sur les lèvres, sans baiser ou, plus difficile, juste du regard. Bientôt, nous atteignîmes la Pauls Ruh, le repos de Paul, la pointe sud-est de l'île. Nous fîmes une pause face à la plage de galets, face aux Alpes. Claudia était debout devant moi, j'avais mes bras autour d'elle pour la réchauffer.

— A quoi d'autre faut-il se préparer ? demandais-je.
— Je ne sais pas, moi. Je pense que c'est déjà beaucoup pour aujourd'hui.

Claudia se détacha et se mit à dessiner du pied des cercles dans les galets de la plage.

— Comment tu as dit ? Point d'ancrage ? On le met où notre prochain point d'ancrage.

J'écartais les main, en signe d'interrogation :

— Le plus tôt possible.
— Tu pars quand à Paris ?
— A Guyancourt ? Vendredi soir.
— J'aimerai te voir avant que tu partes. Mardi, c'est un peu tôt. Que dirais-tu de jeudi soir ?
— Très bien.
— Tu passes me prendre ?
— A quelle heure ?
— 20h30, ça va ?
— Parfait.

Elle commença à ramasser quelques pierres et à les examiner. J'ai cru qu'elle voulait faire des ricochets, mais au lieu de se tourner vers l'eau, elle me tendit un galet.

— Tiens je te donne cette pierre. Elle t'aidera à te souvenir de notre conversation ici. Fais pareil s'il te plaît. Cherche une pierre que tu as envie de me donner pour que je me souvienne de notre conversation.

C'est certainement très bête et romantique ou peut-être l'inverse, mais mes paupières devinrent humides. Si j'avais cligné des yeux une larme se serait détachée. Je me mis à examiner la plage, à regarder différents galets. Je pris mon temps. Les gros galets gris, arrondis et granitiques dominaient.

— Tu as une préférence pour la forme et la couleur ?
— Oui, blanc, vert et rectangulaire.
— Très drôle.

Je lui apportais à deux mains un gros galet gris recouvert de quelques algues. Elle s'éloigna en riant :

— Non, non, pas ça, je ne peux même pas le porter. Tu parles d'un symbole. Plus fin, plus élégant, monsieur Ionidis. Faites un effort, allons ! Vous allez y arriver.

Je finis par trouver un petit galet allongé avec des liserets verts et blancs.

— Très bien, jugea-t-elle. Je prends. Quand on sera ensemble on mettra nos galets côte à côte. Ca nous rappellera qu'il faut profiter de ce temps comme quelque chose de précieux. D'accord ?
— D'accord, dis-je en l'embrassant.
— Bien, maintenant, allons manger quelques chose. Je meure de faim et je veux encore voir l'intérieur du château neuf pour pouvoir le comparer à l'original lorsque nous le visiterons en France.

Le soir, notre séparation fut *kurz und schmerzlos*. Une fois chez moi, je repris le galet que Claudia m'avait donné. Je le posais sur ma table de nuit. Je pensais comme d'habitude à Jean, à Catherine et que je leur présenterai peut-être un jour Claudia. Je me demandais comment sa fille à elle réagirait, puis chassait cette pensée. Nous verrions en temps voulu.

CONTRAINTES STRUCTURANTES

Notre première soirée d'ancrage fut le jeudi suivant. J'attendais Claudia au pied de son immeuble. Nous n'avions pas de plan précis. J'avais juste confirmé par e-mail la veille annonçant que j'attendrai en bas sans sonner. J'avais reçu une heure plus tard une réponse brève : *Perfekt!*

— Bonsoir, tu es en voiture ?
— Oui.
— Que faisons-nous ? Tu as une idée ?
— Non ou plutôt plusieurs. Et toi ?
— Toi d'abord, sourit-elle.
— Tu as mangé ?
— Oui, j'ai mangé avec Anna.

Une fois monté en voiture, je commençais.

— Dans ce cas, on pourrait aller manger une glace, voir un film en version originale française ou anglaise, nager au Dantebad, marcher dans les rues de Munich jusqu'à tomber de fatigue.
— Ok, stop, stop, qu'est-ce que tu proposes comme

film ?
— A 20h45, le Theatiner passe *Je ne suis pas là pour être aimé* avec Patrick Chesnais et Anne Consigny. Il faudrait que l'on parte tout de suite. Sinon l'Arena a des séances qui débutent entre 20h45 et 21h30. Tu as une préférence ?
— Tu as ta pierre ?
— Oui, bien sûr, dis-je tirant fièrement le galet de ma poche.

Elle sortit le sien :

— Tiens posons les là, ensemble, dit-elle.

Elle posa le sien dans le vide-poche à côté la boite de vitesse. Je fis de même. Nos pierres se touchaient.

— Ma proposition, c'est ça, dit-elle en s'approchant.

Elle posa ses lèvres sur les miennes :

— C'est, *je suis là pour être aimée* avec Mario Ionidis et Claudia Rausch.
— D'accord. C'est projeté où ça ?
— Je ne sais pas, dit-elle en m'embrassant à nouveau. Débrouille-toi pour trouver.
— Une projection privée dans un deux-pièces à Riem, c'est possible ?

Elle me caressa la joue avec un bref hochement de tête.

— Où tu veux, pourvu que tu me ramènes avant minuit.

Deux heures trente plus tard, Claudia était sous la douche. Je rassemblais mes pensées. Je humais son odeur. Ma méditation fut interrompue par une question.

— Est-ce que ça t'irait que l'on se voit mardi prochain ? dit-elle à travers la porte.

— Le 5 décembre, oui, bien sûr.
— On pourrait nager au Dantebad et discuter de ce que l'on fera les week-ends suivants. Je prendrai un calendrier. Si tu es d'accord, on pourrait poser quelques *ancres* à l'avance. Tu pourras parler avec ton ex-femme et moi avec Max.

Max Geschwend est l'ex-mari de Claudia. Elle fit une pause, puis ajouta en me regardant :

— Je ne te cache pas que j'aimerai voir Versailles avec toi.

Je partis à mon tour sous la douche, pendant que Claudia se rhabillait. Nous fumes bientôt prêts à partir. Claudia reprit son galet resté à côté du mien sur la table. Elle me regarda avec un sourire attendri :

— En route monsieur Ionidis. Les contraintes structurantes nous attendent. J'espère que la mienne dort à poing fermée.

Le lendemain matin, je croisais Barbara devant la machine à café.

— *Bist Du in Claudia verknallt ?* Tu es amoureux de Claudia ? me demanda-t-elle.

J'aime bien cette expression. *Knallen*, ça veut dire quelque chose comme faire exploser avec beaucoup de bruit. Verknallt, c'est comme si j'avais été victime d'une explosion assourdissante. Il y avait un peu de ça. Tout le service support de Riem semblait déjà au courant de mon *rendez-vous* avec une amie de Barbara. Il y avait de bonnes chances que cela atteigne les oreilles d'Axel et Peter et donc de Joël et du reste de Vélizy sous peu. Peu importait, ça ne peut pas faire de mal de savoir qu'une personne est heureuse.

J'avais pris l'avion dans l'après-midi pour être à

Vélizy vers 18h30. C'est Martine qui ouvrit la porte. Elle semblait fatiguée, un peu sèche, mais contente de me voir. Catherine et Jean se jetèrent sur moi, me déséquilibrèrent. Ca faisait drôle d'être dans cet appartement. Les souvenirs remontaient : les moments heureux comme les déjeuners sur la terrasse, les anniversaires de Catherine et Jean, les moments malheureux, comme ce soir où Catherine m'annonça notre séparation. Je pris dans la main le galet de Claudia. Cela m'aida à fixer mes pensées dans le présent, vers l'avenir. Antoine s'approcha pour me tendre la main :

— Bonjour Mario, tu vas bien ?
— Oui, merci et toi ?
— Ca va, merci.
— Jean doit apprendre une nouvelle poésie d'ici la fin de la semaine prochaine. Le texte est dans son cahier de français. Fais le lire et réciter plusieurs fois, s'il te plaît, dit Martine. Sinon, il n'a pas de devoirs particuliers, mais il faut qu'il lise plus. Pour Catherine, je t'ai mis des croix dans son cahier de texte devant les devoirs qui restent à faire. Tu les trouveras aux pages de lundi et mardi. Elle a bien avancé, mais prenez le temps de terminer.
— J'ai presque fini, Maman.
— Oui, mais tu as une interro de maths mardi, ma chérie. Mario, regarde s'il te plaît si tu peux faire les exercices supplémentaires avec Catherine. Ils sont aussi marqués.

Ma fille protesta.

— Entendu, nous allons regarder, dis-je.
— Sinon, sais-tu maintenant quand tu rentres en France ? continua Martine.
— Non, pas encore. Ca pourrait changer rapidement,

mais pour l'instant, pas avant fin juin.
— Bien, tiens-moi au courant, ce serait bien que ça ne s'éternise pas. C'est mieux pour les enfants que tu sois à proximité, soupira-t-elle.

La pierre dans ma poche se fit soudain froide. Je la serais plus fermement. Elle me rappela qu'il fallait profiter du temps « ensemble » quand il était là. Ce serait mardi prochain.

Pour Jean, lire un livre, ce n'était pas découvrir une histoire. C'était faire un effort de déchiffrage. Il y a quelques semaines encore, c'était presque une douleur et un prélude à l'échec. Rien ne valait sa console de jeu. J'essayais de convaincre Martine de la lui supprimer. Pour moi, c'était facile à dire. Je n'étais pas là au quotidien pour l'aider à rester ferme lorsque Jean la réclamait. Je me suis donc contenté d'introduire des limitations d'usage pendant les week-ends que nous passions ensemble. Premièrement, les devoirs devaient être finis. Deuxièmement, il fallait avoir au moins emprunté un livre à la médiathèque ou en avoir lu un sur place.

Aujourd'hui, victoire : Jean est allé de lui-même chercher une pile de deux ou trois *J'aime lire*. Bien sûr, il regarde surtout les images, mais la dynamique est là. Il se prend aux histoires de *Tom-Tom et Nana*. Il en rit, veut en connaître la suite. J'espère que mes lecteurs en diront autant de *Mario et nana au pays des Bavarois*.

Cette fois-ci, j'étais allé chercher Claudia. En voiture, son appartement est à dix minutes de Riem, à Berg am Laim. Après trois quarts d'heure de natation, nos galets posés sur la table du *Hechtsprung*, assis côte à côte, nous déballâmes nos calendriers respectifs. Je savais comment se répartissaient les week-ends et les vacances scolaires versaillaises entre moi et Martine jusqu'à fin juin 2007. Mais Martine pourrait faire preuve de flexibilité si elle et Antoine n'avaient encore rien prévu.

— Tu as huit semaines de vacances avec tes enfants et seulement six semaines de congés. Quand tu n'es pas en congé, comment tu fais pour t'occuper d'eux ?

Je hochais les épaules.

— Ces deux dernières années, mes parents les ont pris en été au bord de la mer. Ils louent un appartement et je les rejoins le week-end ou pour une semaine complète. En juillet, mes chéris sont inscrits aux activités de la ville de Vélizy. Je les dépose en allant au travail et je les reprends le soir un peu après 18h00. Les autres vacances, je combine garde par la ville et jours de congés. En général, à Noël, ou plutôt entre Noël et nouvel an, je prends une semaine complète.

— Tu obtiens facilement des places pour les faire garder par la ville ?

— Non, mais en tant que parents divorcés travaillant tous les deux, on a la priorité. Ils sont aussi inscrits aux activités parascolaires de la ville pour les repas de midi et les mercredis.

— Hm, c'est bien la France. mais si je comprends bien, ça veut dire qu'il faut que tu retournes à Vélizy avant leurs vacances d'été.

— Toutes choses égales par ailleurs, ce serait effectivement plus simple.

— Est-ce que tu aurais une idée pour les faire garder à Munich ?

— Non. A Munich, il faudrait que je prenne des

congés. Même s'il y a des structures de garde, je me vois mal les lâcher toute la journée. Ils ne parlent pas un mot d'allemand. Martine ne me laisserait d'ailleurs pas faire, ajoutais-je en souriant.
— Si je te comprends bien, tu exclus de rester à Munich au-delà de juin. Enfin, euh, je veux dire, seulement du point de vue de la logistique, tu ne peux pas y arriver.

Je restais quelques secondes muet.

— Comment fais-tu toi avec Anna pendant les vacances scolaires ?
— En général, elle reste à Munich. Le matin, elle est inscrite à des activités sportives et elle rentre seule à la maison. Une semaine par an, je la laisse à mon père à Dresden. En été, je peux l'inscrire à des camps de vacances. Depuis notre séparation, mes beaux-parents soutiennent surtout Max. Je pourrai les appeler en cas d'urgence, mais pas plus. Sinon, ça me poserait des soucis avec Max. Tu comprends ?
— Oui, bien sûr. C'est à peu près pareil pour moi.

Face à la rigidité de ces contraintes, j'avais peur que la discussion commence à tourner au vinaigre. Claudia mis la main sur les calendriers, comme pour les cacher.

— Bien, monsieur Ionidis, regardons les choses en face. Tu rentres en juillet en France, tout simplement parce que toutes les autres options sont trop compliquées. D'ici là, il nous reste une douzaine de week-ends, moins quelques uns qu'il nous faudra utiliser autrement, plus quelques jours de vacances. Après juin, nous serons séparés par près de mille kilomètres. Ce sera encore plus compliqué.

— Si l'on appuie sur la touche avance rapide, c'est effectivement ce que ça donne, dis-je un peu désarçonné.
— Et la conclusion de tout ça, c'est quoi ?
— C'est qu'il faut appuyer sur la touche pause.

Claudia se tut, perdue dans ses pensées.

— Tu es vraiment un drôle de type, mais tu as raison. Viens allons chez toi. On sera mieux pour parler, dit-elle finalement.

Drôle de type ? Evidemment, j'ai pris ça pour un compliment. Je me demandais plutôt pourquoi des femmes aussi belles que Martine, si parfaites que L. ou si attachantes et fortes que Claudia s'intéressaient à moi. Je ne me sentais ni beau, ni sportif, ni intelligent, ni riche, tout au plus simple à vivre et encore même pas sûr.

Etre avec Claudia, ça ne tenait pas d'une décision rationnelle. Nous avions nos bases loin l'un de l'autre et y étions fixés pour au moins encore une bonne décennie. Pourtant, c'était une relation que ma raison acceptait. Elle y voyait une décision prise avec maturité, discernement. Je ne me sentais pas tiraillé pour ou contre elle. J'étais simplement étonné de ce qu'être avec elle semblait naturel.

Elle fit une pause, me prit la main. Nous marchions au bord du lac de Tegernsee, dans le calme d'un dimanche matin. L'eau était lisse comme un miroir. Les montagnes derrière nous étaient couvertes de neige.

— Mario, je pense que nous devrions faire un voyage en Italie, dit-elle soudain. Tu connais la Toscane ?
— Non. Tu connais, toi ?
— Oui, j'y suis allé deux ou trois fois. Avec Max, nous allions plutôt au lac de Garde, mais je préfère

la Toscane et j'aimerai y retourner avec toi.
— Tu arriverais à te libérer quelques jours au printemps ?
— Oui, tu connais mon calendrier maintenant. Tu voudrais y passer combien de temps ?
— Si tu ne connais pas encore, nous pourrions faire les villes principales : Florence, Pise, Sienne. Cinq à six jours, ce serait bien.
— Ok, ce serait notre semaine de vacance commune.
— La troisième d'avril, semaine 16, précisa Claudia en tirant un calendrier de sa poche d'anorak.

FAST FORWARD

Sanjay m'a appelé début janvier pour m'informer qu'il démissionnait. Il retournait en Angleterre. Il avait « un plan ». Il ne pouvait pas m'en parler, « pas encore ». Joël m'apprit un mois plus tard qu'il avait été embauché pour diriger la filiale anglaise d'un concurrent. En Allemagne, l'impulsion était donnée. Peter et Joël ont accepté que je retourne à Vélizy fin juin. Je savourai donc mes dernières semaines près de Claudia. Notre semaine en Toscane en serait le point d'orgue.

Certains se demandent pourquoi Claudia et moi nous n'avons pas choisi de partir en vacances avec nos trois enfants, comme une grande famille recomposée. En fait, nous avons essayé, mais Max n'était pas enchanté à l'idée de changer ses dates de vacances. Claudia a préféré ne pas insister. Pour moi, être seul avec Claudia avait un certain attrait.

Je m'étais préparé au voyage avec le guide vert Michelin sur *Florence et la Toscane*. Claudia, elle, avait un *Dumont* sur l'Italie centrale, juste par précaution. Ainsi armés, nous franchîmes les Alpes par le col du Brenner le 14 avril 2007 à 10h00 du matin. Pour moi, c'était un grand moment, ce plan nous l'avions conçu quatre mois auparavant avec une légèreté toute étudiante. Il se réalisait. Lorsque nous passâmes la frontière, Claudia ne dit rien. Elle me regarda, elle sourit.

Si la plupart des guides touristiques, proposent des conseils et des itinéraires plus ou moins détaillés pour une première visite de la Toscane, aucun n'est aussi directif que mon guide personnel.

— Tu comprends, c'est en Toscane que l'Europe sort du Moyen Age. Nous allons maintenant refaire ce chemin, sortir des ténèbres en suivant les artistes, passer du style roman au gothique puis à la Renaissance. C'est un voyage qui démarre à Pise mène à Florence, en passant par Sienne. Chacune de ces villes a eu la primauté à un moment donné. Partant de là, elle a eu les moyens de faire appel aux meilleurs artistes.

Elle me regarda, fit une courte pause et ajouta :

— Tu ne mériteras Florence qu'après avoir vu Sienne. Tu dois avoir vu Pise avant d'aller à Sienne, mais comme je suis gentille avec toi tu vas pouvoir commencer par te reposer à San Miniato. Maintenant, répète moi le chemin depuis le début.

— Euh, Pise, Sienne, Florence, PSF.

— Bien. ajoute San Miniato.

Je ne reconnaissais pas Claudia. Elle, d'habitude si calme, si maîtresse d'elle, si sérieuse, parfois pensive, semblait euphorique. Elle voulait suivre une route précise qui sûrement nous ramènerait à Munich, mais passant par des balises qu'elle seule avait en tête. En attendant, on voyait l'*autostrada* toute droite dans la plaine du Pô.

PISE

Ville romaine dès le deuxième siècle avant Jésus Christ, traversée par l'Arno, le principal fleuve de Toscane, éloignée de quelques kilomètres de la côte, Pise réunit toutes les conditions pour être au Xe siècle aux avant-postes de la reprise des possessions musulmanes dans l'ouest méditerranéen. La ville devient rapidement l'une des grandes cités maritimes aux côtés de Gênes, Amalfi et Venise. Elle sait regrouper les forces chrétiennes face aux musulmans pour reprendre la Sardaigne en 1017, la Corse en 1053 et les Baléares en 1115. Elle réalise des raides contre les villes musulmanes en Afrique du nord et en Sicile. En 1099, elle contribue à la conquête de Jérusalem en ravitaillant les croisés. Elle implante des comptoirs commerciaux en terre sainte et devient rapidement le principal partenaire commercial de Constantinople, devant Venise et Gênes.

En 1063, le pillage de Palerme, alors musulmane, permet à Pise de financer un projet architectural de grande envergure. Les carrières de marbre de Carrara sont à portée de main, une cinquantaine de kilomètres au nord. Pise est l'une des villes les plus riches de la Méditerranée. Tout est en place pour réaliser un projet exceptionnel. Sur un terrain, au nord des remparts, débute l'aménagement d'une place rectangulaire de 200 mètres sur 350. Le premier édifice à sortir de terre est une cathédrale romane, Santa Maria Maggiore. Quatre-vingt dix ans plus tard, en 1152 débute la construction d'un baptistère. A l'époque, Jérusalem est tenue par les croisés qui restaurent l'église du Saint Sépulcre. En Occident, de nombreux bâtisseurs s'inspirent de son architecture. C'est le cas à Pise. Trois ans plus tard, en 1156, Pise débute l'extension de son mur d'enceinte à la place de la cathédrale. Le projet a désormais son périmètre définitif.

Lorsque, encore cent ans plus tard, en 1256, Nicola Pisano se voit confier la poursuite du baptistère, le style roman n'est plus au goût du jour. L'architecture gothique venue du nord, de l'Ile de France, de la Picardie, est la nouvelle référence. Les bâtiments prennent de la hauteur, s'affinent. Nicola Pisano contribue à cette évolution. Il l'a vu et mise en œuvre en tant que sculpteur sur le chantier de la cathédrale de Sienne. A Pise, il entreprend des modifications structurelles pour élever la voûte du baptistère. A l'extérieur, il conserve la sobriété du premier niveau roman. Au second niveau , il y ajoute des éléments plus fins : une soixantaine de colonnettes surmontées d'arcatures et de bustes. Cet étage devient la référence principale du style gothique en Italie.

Claudia et moi, nous nous tenons à l'intérieur du baptistère, face à la chaire sculptée par Nicola Pisano.

— Tu sais, ce qui est intéressant chez Pisano père, c'est qu'il est considéré comme un précurseur de la Renaissance. Les Pisans connaissent depuis toujours les sarcophages romains, en particulier ceux encore récents du troisième et quatrième siècle après Jésus Christ. Ils étaient installés à l'extérieur de la cité, le long des voies qui menaient à la ville. Les familles nobles de Pise les réutilisaient comme sépultures. Nicola a pu les observer sur le chantier même du baptistère. Tu peux imaginer qu'il déjeunait chaque jour avec ses apprentis face à l'un de ces sarcophages.

Claudia regarda son Dumont, désabusée.

— Il n'y a rien là-dedans. Tout au plus trois pages sur Pise. C'est trop généraliste. Montre ton guide vert, *camposanto monumentale...* Oui, là tu vois : *Sa construction fut entreprise en 1277*. C'est bizarre. Tous les guides font la même erreur. Ils disent que Nicola Pisano a vu les sarcophages romains au *camposanto* alors qu'il a été construit 27 ans plus tard. Même le guide vert qui donne les deux dates sur la même page fait l'erreur. En fait, à l'époque les sarcophages devaient être autour de la cathédrale. D'ailleurs, il parait que ça ne sentait pas très bon près des églises. La construction du *camposanto*, était aussi une mesure sanitaire.

— Hm, *campo santo o campo sano*, telle est la question.
— Oui, c'est ça, mais pour l'instant préfère lui tout de même le précepte *une âme saine dans un corps sain*, répondit Claudia sarcastique. Ca me sera plus utile. Tu permets que je continue sur Pisano ?
— Je vous en prie madame Rausch.
— Pisano n'était pas pisan. Il venait probablement du sud de l'Italie, des Pouilles. Son père était tailleur de pierre. A l'époque, cette partie de l'Italie appartenait à l'empereur du Saint-Empire germanique, Frédéric II, un Hohenstaufen. Frédéric était considéré comme un souverain éclairé. Il a grandit à Palerme dans un environnement multiculturel, musulman, grec, normand, germanique, latin. Il est possible que Nicola Pisano ait travaillé avec son père, tailleur de pierre, sur des chantiers de Frédéric II, comme par exemple celui du château de l'empereur à Prato près de Florence. Nicola Pisano est né dix ou quinze avant Cimabue, quarante ans avant Giotto. Il est donc l'un des chaînons qui a permis la Renaissance. Parmi les apprentis de Nicola Pisano, il y avait son fils Giovanni que nous retrouverons dans les cathédrales de Pise et de Sienne, mais

aussi Arnolfo di Cambio. Arnolfo di Cambio travaille avec Nicola, puis, part à Rome où il perfectionne son art. En 1296, la ville de Florence lui confit la construction de sa nouvelle cathédrale. On considère que c'est di Cambio qui a fixé le style gothique toscan en réalisant le plan initial de cette cathédrale.

— Et la tour de Pise, tu peux en dire quelque chose ?
— Hm, bien sûr. Mais montons d'abord dans les étages.

Nous nous engageons dans un premier escalier de pierre, puis dans un second vers le niveau le plus élevé. Là, au sommet du baptistère, nous sommes face à la cathédrale. Les deux derniers niveaux de la tour de Pise la dépassent.

— C'est un bon endroit pour voir les rectifications d'angles de la tour, continua Claudia.

Elle prit mon guide touristique, replaça une mèche derrière son oreille.

— Bla, bla, bla, bla. *Construction en 1173 en style roman. Les travaux en étaient au premier étage lorsque se produisit un affaissement du sol.* Première constatation de l'inclinaison en 1178. Ils ont donc mis cinq ans pour faire les fondations et les deux premiers niveaux. Les travaux ont repris en 1272, cent ans plus tard en corrigeant l'inclinaison par une différence de hauteur entre les côtés nord et sud de chaque étage. Les fondations n'avaient que trois mètres de profondeur pour une hauteur de 56 mètres. La tour a été stabilisée en 2004. Ca n'a pris que 800 ans. Elle fait un angle d'environ 4° perpendiculairement au sol. Dommage qu'elle ne soit toujours pas ouverte au public.

— J'aimerai voir le *camposanto* maintenant.

— On peut y aller, dit Claudia en regardant sa montre. Mais je te préviens. A moins que tu ne sois à la recherche d'inspiration pour choisir ta pierre tombale, c'est un peu monotone.

Je voulais voir, peut-être toucher ce qui avait inspiré Nicola Pisano à rapprocher son art des modèles antiques, à donner une impulsion qui serait reprise pour aboutir à la Renaissance. Dans le *camposanto*, les sépultures romaines sont rares. Seule une tombe possédait à la fois des motifs en relief et une origine romaine. Elle était très patinée.

— Trop patinée pour déclencher une évolution artistique ? me demandais-je tout haut.
— Je ne sais pas, répondit Claudia. Souvent, il ne faut pas grand-chose pour déclencher une chaîne d'événements.
— Il suffit d'une gouttelette d'eau pour briser l'équilibre des tensions de surface qui empêche le débordement du verre.
— Tu cites un de tes clients ou un de tes collègues ?
— En l'occurrence, il vaudrait mieux chercher du côté du météorologue qui a lancé le concept d'effet papillon, *butterfly effect*. Comment s'appelle-t-il déjà ?
— Demande à Wikipedia.
— *Sensitivity to initial conditions is popularly known as the "butterfly effect", so-called because of the title of a paper given by Edward Lorenz in 1972 to the American Association for the Advancement of Science entitled 'Predictability: Does the Flap of a Butterfly's Wings in Brazil set off a Tornado in Texas?'*
— Pour Pisano, ça n'était pas un battement d'aile qui a déclenché la tornade.

— Un peu quand même, en tout cas on ne peut pas l'exclure.

— D'accord, admettons qu'un papillon voltige sur la place de la cathédrale. Comment déclenche-t-il une révolution artistique ?

— En quelle année ?

— Pisano achève la chaire en 1260. Elle lui a été commandé par l'archevêque de Pise en 1257…

— Bien, disons qu'au printemps 1256, il se rend à Pise pour reconnaître les lieux et rencontrer l'archevêque. Il a pris des mesures, fait des plans, déjeuné sur le chantier. Fatigué, il fait une sieste avant son rendez-vous avec l'archevêque. Il est midi sur l'horloge solaire. Il se met à l'ombre de la cathédrale. Au bout de quelques minutes, un papillon blanc se pose sur sa main. Ses battements d'aile le réveille. Il ouvre les yeux, le chasse vivement de peur de se faire piquer. La forme blanche s'envole. Nicola la suit des yeux. Il se lève, le regard toujours tourné vers elle. Il se rend compte que le papillon s'est posé sur un sarcophage, s'en approche, en regarde les motifs, les caresse. Dans son cerveau se mélangent les motifs du sarcophage et les motifs de la chaire de son carnet de croquis. Bingo.

— Bingo ?

— Bingo. Eurêka. Il reprend les détails des panneaux de la chaire, creuse les ombres pour rendre les reliefs plus visibles. Caresse, dessine. Dessine, caresse.

— Oui, bien sûr, et tout cela en CAD, design assisté par carnet.

— Exactement. C'est ce qui se faisait de mieux à

l'époque. Les traits dans le sable n'étaient pas facilement transportables.
— Et tu penses que le papillon a eu l'intuition de ce qu'il allait déclencher ?
— Non, c'est simplement arrivé comme ça. Toutes les conditions était réunies : L'attitude médito-digestive de Pisano, l'air du temps dans une ville riche, ouverte à toutes les tendances, antiques, byzantines, musulmanes, gothiques, un courant d'air et cette tombe qui était alors moins patinée et, bien sûr et surtout, le climat toscan propice au développement des papillons.
— Une chance que ce ne soit pas une mouche qui se soit posée sur sa main. Il n'aurait pas réussi à la suivre des yeux. L'histoire de l'art en aurait été toute bouleversée, ironisa Claudia.
— La mouche, je la garde pour Cimabue ou Giotto. Mais pour l'instant, tu pourrais admettre que c'est une belle histoire.
— Oui, je te l'accorde. Je suis juste un peu dubitative sur le fait que le climat toscan soit favorable aux papillons. Il faudrait étayer cette affirmation.
— Pas de souci. Il doit bien exister quelque part une étude sur les papillons toscans ou un musée toscan des insectes, non ?
— Non, arrête là. Ca n'est pas la peine de sortir une histoire tirée par les poils.
— Par les cheveux.
— Si tu veux.

SFIUMATO

Le lendemain matin, j'étais claqué. Je n'avais pas envie de me lever. Je pense que c'était le voyage, les derniers mois de stress, le boulot, les déplacements, Munich. Les jours redeviennent longs. Et là, dans le lit de l'appartement, je suis juste bien. Claudia s'est levée. Je n'en ai pas l'énergie. Elle se douche, revient, s'assoit près de moi au bord du lit, me caresse les cheveux. Je lui mets une main sur la hanche. Elle sourit. Je la tire par le bras vers moi dans le lit. Elle rit.

— Non, non, dit-elle en me repoussant et en se levant. Je vais faire un café et lire un peu. Tu peux rester au lit.

Je regarde mon portable sur la table de nuit, 7h30.

— Ok, je reste encore un peu.

Trois minutes plus tard, la lumière devient plus vive. Claudia a ouvert les volets du salon-cuisine. Dix minutes plus tard, ça commence à sentir le café. La cafetière à moka gargouille. Je commence à rouvrir les yeux, m'étire les doigts, les mains, les bras, les doigts de pieds, les jambes. Qu'est-ce qu'on est bien au lit en vacances.

Aujourd'hui, nous ne verrons pas Sienne. Je voulais avoir menti d'un chapitre, décalé l'attente, le lecteur dérangé, montrer qu'un plan ne fonctionne pas toujours, toujours pas comme prévu. Introduire une erreur, un mensonge, pousser à un peu de flexibilité, faire comprendre pourquoi il y a une faute d'orthographe à « brouillon » dans la préface.

Le centre historique de San Miniato s'étire en longueur sur une corniche au dessus de la vallée de l'Arno. Il domine la vallée au croisement de la route de Pise à Florence et de la Via Francigena, le fameux chemin des français menant à Rome. J'ai proposé à Claudia de s'installer ici pour pouvoir rayonner entre Pise, Sienne et Florence presque à équidistance entre elles. Pise est à cinquante kilomètres à l'ouest, Sienne quatre-vingt au sud et Florence quarante à l'est. Nous avons loué un deux pièces à l'écart du centre de San Miniato à l'*agroturismo Bellavista*. La vue porte sur les collines de Vinci, une quinzaine de kilomètres plus au nord.

Pour l'après-midi, Claudia accepte de faire une pause

dans notre marathon culturel. Vers 12h00, nous laissons la voiture à Vinci et suivons le balisage rouge et blanc qui démarre dans un talweg à la sortie du village. Nous progressons lentement au milieu des oliviers. L'air est encore un peu frais, mais le soleil est au rendez-vous. Un pique-nique et trois kilomètre plus tard, nous atteignons la *Casa Natale di Leonardo*. C'est ici que Léonard aurait vu le jour en 1452. Nous faisons le tour des deux bâtiments ouverts au public. A l'époque, le musée Leonardo da Vinci n'était qu'un projet matérialisé par trois panneaux d'information.

Nous nous retournons sur le paysage en direction de Vinci. Au loin, les collines de San Minato semblent vues à travers un prisme adoucissant. Les tons verts, bleus, ocres dominent. Léonard a débuté comme apprenti dans le plus grand atelier de peinture de Florence, celui de Verrocchio, le peintre attitré de Laurent de Médici. Il a appris à peindre avec les futurs maîtres italiens Boticelli, Ghirlandaio. Les images vues par l'œil n'ont pas de contour, elles ont des contrastes éventuellement estompés par la traversée de la lumière dans l'air. Pour reproduire ce phénomène, Léonard a systématisé l'utilisation des voiles de couleur transparents, le sfumato. C'est cette technique qu'il a utilisé pour peindre la Joconde, quelque part entre 1503 et 1506.

SIENNE

Oui, Sienne, c'est promis, nous y venons. Mais prenons d'abord un petit déjeuner sur notre terrasse sanminiataise avec un mélange de café à moka, un jus d'orange, des fruits et quelques cantuccini. Et, avant de partir pour Sienne, quittons Pise. Nous y étions resté avec Nicola Pisano vers 1260 devant la chaire achevée du baptistère. Cette œuvre de transition, entre architecture romane et gothique, fait de lui un sculpteur reconnu et demandé. En 1265, Nicola obtient le contrat de la chaire de la cathédrale de Pise. Il la réalise en trois ans avec son fils Giovanni et d'autres apprentis dont Arnolfo di Cambio. Mais Nicola et Giovani restent attachés à Pise. Leur rupture avec Pise interviendra plus tard.

Au fil des ans, Pise est de plus en plus isolée. Sa puissance dérange les villes voisines. Elle bloque l'accès à la mer de Lucques et Florence. Elle est rivale de Gênes pour le contrôle de la Sardaigne et de la Corse. Gênes, soutenue à distance par Florence, portera le coup principal.

En juillet 1284, la flotte pisane pille Rapallo, puis s'installe devant Gênes et provoque ses habitants. Néanmoins, elle craint d'être prise à revers. Le gros des navires génois est encore en Sardaigne, mais devrait remonter. En août, la flotte pisane se retire donc à Porto Pisano, aujourd'hui Livourne. Le 6 août est un jour de fête pour les Pisans. Ils célèbrent leurs victoires sur les Maures. Ce jour-là, une partie de la flotte génoise est en vue, à quatre milles au large de Livourne. La flotte pisane, sure d'elle, souhaitant imposer une bataille décisive, attaque. L'abordage commence. Une seconde ligne de navires génois se tenait loin à l'écart. On pouvait la prendre pour une ligne de ravitaillement. Soudain, elle prend les Pisans à revers. Elle est constituée de galères de guerre rapides, une bonne trentaine. Toutes les forces de Gênes sont dans la bataille. Sept navires pisans sont coulés, vingt-huit autres sont pris. Pise perd un tiers de sa flotte. Gênes augmente la sienne d'autant. Plusieurs milliers de Pisans sont tués, d'autres sont fait prisonniers et resteront en captivité une dizaine d'années dans ce qui est aujourd'hui le *campo pisano* au pied la vieille ville de Gênes. Le déclin de Pise est amorcé. Pise a perdu une grande partie de son élite commerciale, militaire, culturelle et religieuse, tuée ou faite prisonnière. Lucques et Florence en profitent pour l'attaquer par la terre. Dans les années qui suivent, le combat continue, mais désormais la primauté en Toscane se joue entre Sienne et Florence.

Giovanni Pisano, le fils de Nicola, l'a compris. Au décès de son père, en 1284, il a trente-six ans. Il est dans la force de l'âge. A Pise, tout s'arrête. La ville se concentre sur sa défense. L'architecte du camposanto, Giovanni di Simone, est mort dans la bataille de la Meloria. A l'opposé, Sienne est une république en pleine ascension. Lorsque Giovanni s'y installe, la construction de la cathédrale est achevée. Elle n'a pris qu'une trentaine d'années, de 1229 à 1263. La chaire réalisée avec son père et Arnolfo di Cambio trône depuis vingt ans dans le cœur. Seule la façade reste à décorer. Le conseil municipal de Sienne accorde à Giovanni le statut de citoyen et la responsabilité de ce chantier.

Sienne repose sur les lignes de crêtes de trois collines à l'intersection desquelles se trouve la *Croce del Travaglio*, la croix du travail, un croisement de rues au dessus de la piazza del Campo. Ces trois collines correspondent au découpage administratif de la ville en *Terzi*. La colline nord suit la voie Francigena en direction de Florence et de Pise. Elle s'étire sur plus d'un kilomètre et débouche sur la *Porta Camollia*, l'entrée principale de Sienne. Ce quartier des commerçants et des banquiers forme le *terzo de Camollia*.

La pointe sud-est de Sienne, le *terzo di San Martino*, suit la voie Francigena dans la direction opposée. C'est le quartier des pèlerins. Il relie Sienne à Pérouse, Rome et aux grands axes nord-sud de la péninsule.

La cathédrale, elle, se dresse sur la colline la plus élevée, au sud-ouest de la piazza del Campo. C'est la partie la plus ancienne de la ville, l'ancien centre, le *terzo di Citta*. Selon une légende qui semble être née à la fin du Moyen-Age, Sienne fur fondée par deux frères gémeaux, Senius et Aschius. Senius et Aschius seraient les fils de Remus, co-fondateur malheureux de Rome tué par son frère Romulus. Les deux fils de Remus se seraient réfugiés sur cette colline pour y construire un fort. En réalité, Sienne serait née d'un village étrusque. Ce terzo, noyau d'origine de la cité, est tourné vers la mer, vers Grosseto, Piombino et l'île d'Elbe. C'est le quartier religieux et administratif. C'est là que nous sommes, Claudia et moi assis sur le long banc en pierre de l'ancien hospice de Santa Maria della Scala, face à la cathédrale. C'est un endroit confortable pour contempler les détails de la façade de la cathédrale. Claudia a un guide de Sienne entre les mains.

— Giovanni Pisano a conçu la partie inférieure de la façade de la cathédrale, commença-t-elle. C'est-à-dire tout ce qui est autour et au-dessus des trois portes. Il a en particulier réalisé les huit statues de grande tailles qui surmontent le premier niveau de colonnes. Elle représentent des philosophes comme Socrate et Platon, des prophètes comme Isaï et les rois David et Salomon. Lequel est lequel, ça je ne saurais te dire. Ca n'est malheureusement pas indiqué.

— Ca n'est pas évident à deviner non plus, surtout à cette distance. Pour moi, honnêtement, tout cela est beau et ancien, mais ça ressemble un peu trop à celle de Pise. Les statues sont juste un peu plus grandes et réalistes.

— Oui, c'est exact. Elles sont conçues pour être vues d'en bas et sont plus grandes que nature. Les maîtres et apprentis passent par les mêmes ateliers,

les même chantiers. Ils utilisent les même matériaux, des marbres blancs et verts. Ce qui est intéressant, ce sont plutôt les évolutions et les innovations dans le temps et d'un chantier à l'autre.
— Hm, répondis-je un peu sceptique. Ca fait penser à l'idée de clusters et de pôles industriels.

Claudia n'aurait pas dû insister. Elle aurait dû sentir que j'étais un peu fatigué, mais elle ne comprit pas. Elle continua sur sa lancée.

— Au cours des deux décennies suivantes, Giovanni opère l'atelier le plus actif de Toscane. Principalement attelé aux sculptures de la façade de la cathédrale de Sienne, il réalisa avec son équipe aussi la façade de la cathédrale d'Orvieto, la chaire de l'église Saint André de Pistoia, le cœur de l'église de Massa Marittima, divers sarcophages et retournera même à Pise pour la chaire de la cathédrale à partir de 1301.

Claudia fit une pause, me regarda.

— Mario, tu dors ?

Je hochais la tête. Quelques cantuccini plus tard, Claudia réussit à se faire écouter à nouveau.

— Histoire de te réveiller, nous allons changer de sujet et passer à la pré-Renaissance en peinture. Tu te souviens que Giovanni retourne à Pise pour travailler à la chaire de la cathédrale. Là, il y trouve Cimabue qui est désormais un vieil homme. A près de soixante, Cimabue travaille à sa dernière œuvre la mosaïque de l'abside du dôme de Pise, la seule œuvre que l'on peut lui attribuer sur une base certaine. Elle a traversé les siècles, intacte même après l'incendie de la cathédrale en 1595.

Cimabue a été pour la peinture florentine ce que Nicola Pisano a été pour la sculpture pisane, un précurseur dont l'atelier a formé de futurs maîtres, Giotto à Florence et Duccio à Sienne.
— Je suppose que Cimabue a aussi exercé à Sienne.
— Non, il a surtout travaillé à Florence et à Pérouse, puis à Pise où il est mort en 1302, mais son élève Duccio a lui exercé à Sienne. On considère que Duccio est le premier maître siennois de la peinture gothique. Certaines de ces œuvres sont au musée de la cathédrale.

Claudia regarda sa montre.

— Si tu veux on y va, continua-t-elle, mais il faut faire vite parce que les fresques du Palazzo Publicco sont aussi intéressantes et j'aimerai bien les revoir. Certaines ont été peintes par des élèves de Duccio, Simone Martini et les frères Ambrogio et Pietro Lorenzetti. Ce sont eux qui quittent les motifs religieux, qui se lancent dans le politique et le profane.
— J'ai vu ça effectivement dans le guide vert : la fresque du bon et du mauvais gouvernement. Cela me semble plus intéressant que les vierges de Duccio. Allons-y.

Nous quittons la place de la cathédrale par la droite et passons sous un immense préau. Le musée de l'œuvre de la cathédrale en occupe une bonne moitié, fermant trois arches par des murs en briques ocres, contrastant avec le marbre blanc de la cathédrale.

— Laisse-moi deviner, c'est la fameuse cathédrale inachevée, n'est-ce pas ?
— Oui. La nef actuelle aurait du devenir le transept. Ce que tu vois là, ça aurait été la nouvelle nef. Le

projet a été lancé par Sienne après que la construction de la cathédrale de Florence ait repris. En 1339, les Siennois répliquent et décident de construire la plus grande cathédrale de la chrétienté. Elle aurait fait plus de 120 mètres de long. Les travaux ont été arrêtés par la peste noire de 1348 et à cause de soucis au niveau des fondations.

Nous descendons un escalier en marbre pour arriver place Saint Jean, à l'arrière et en contrebas de la cathédrale. De là, nous quittons la colline du *terzo di Citta* en descendant la rue des pèlerins qui rapidement débouche sur une rue étroite et arquée qui encercle la piazza del Campo.

— Claudia, regarde là. Il y a un café gelateria avec vue sur la place. Tu veux que l'on fasse une pause ?
— Si, bonne idée.

Même une description factuelle de la piazza del Campo garde un côté lyrique. Elle forme une sorte de plan incliné en forme de coquille Saint Jacques entourée de maisons médiévales hautes de cinq à six niveaux parfois plus. Depuis le milieu du XIVe siècle, la place est couverte d'un pavement de briques rainuré de dalles calcaires. Ces rainures, longues de 50 à 70 mètres, délimitent neuf sections qui symbolisent le gouvernement des Neuf qui dirigea Sienne de 1287 à 1355. Les rainures calcaires convergent comme les trois collines de la ville, leurs lignes de crêtes et les terzi vers le pied du Palazzo Publicco, point de jonction géographique et politique de la ville. Autour de ces sections, des dalles de basalte noir signalent un espace circulaire d'une dizaine de mètres de largeur. C'est là que se déroule la course du Palio. Chaque année, le 2 juillet et le 16 août, dix des dix-sept *contrade*, des subdivisions de terzi, s'affrontent dans une course de chevaux montés à cru où tous les coups sont permis. Le vainqueur est le premier à réaliser trois tours du campo.

Claudia a la peau fine, blanche. Ses doigts jouent à pêcher de la crème de lait dans son capuccino.

— On dirait que la Torre del Mangia pourrait faire office d'horloge solaire. Il suffirait d'un marquage au sol, dis-je tout bas. Elle fait 102 mètres de haut, la place fait à peu près autant de large. Elle est au sud-est. Ca fonctionnerait jusqu'en milieu d'après-midi.

Vingt minutes plus tard, nous pénétrons dans la *sala del Mappamondo* au premier étage du Palazzo Publicco.

— Attention, je te préviens, je vais rester scotchée devant quelques fresques, me chuchote Claudia. Les grandes fresques avec peu de perspective, la vierge en majesté, la Maestà, à gauche et le portrait équestre du cavalier à droite sont toutes les deux de Simone Martini, un disciple de Duccio. Il les a peintes avec treize ans d'écart. Pour la vierge, tu vois encore une influence byzantine, mais des traits réalistes, une première recherche de perspective et des personnages qui sont de même taille relative.

J'approuve en silence, m'efforçant de rester concentrer.

— A droite, le cavalier est un mercenaire au service de Sienne, le condottiere Guido Riccio da Fogliano. Il a reconquis pour Sienne le château de Montemassi en 1328. C'est un château fort situé entre Sienne et la mer, à une cinquantaine de kilomètres d'ici. Pour Sienne, cette fresque a une valeur touristique importante. Elle est considérée comme la première fresque profane de cette dimension en Europe occidentale. Si c'est le cas, elle représente une œuvre majeure dans l'histoire de l'art. Mais une polémique a éclaté sur son authenticité. Il y a plusieurs points troublants. Premièrement, la fresque payée par le conseil des Neuf pour la prise de Montemassi ne mentionne pas de portrait du condottiere, mais seulement la peinture de deux châteaux. Le condottiere aurait pu être ajouté par la suite, car il est sur le devant de la scène, sans perspective. Comment tu dis en français ? Comme un cheveu sur la langue ?

— Sur la soupe.
— Oui, il flotte sur la soupe. Ensuite, Guido Riccio da Fogliano a retourné sa cote de maille en 1333.
— Tu veux dire sa veste ?
— Non, c'est un chevalier, il n'avait pas de veste. Il a fourni des vivres à l'ennemi au cours d'un siège et il les a laissé s'échapper contre de l'argent. Enfin, il a quitté Sienne sans payer ses dettes. Tout cela laisse penser que les Neuf n'avaient certainement pas envie de voir sa pomme en entrant dans le Palazzo Publico. C'est seulement vingt ans plus tard, en 1351, qu'il a été réintégré comme chef militaire à Sienne. Il est donc probable que le portrait n'a été ajouté qu'après 1351. Simone Marti était déjà décédé à l'époque, mais la fresque aurait pu être réalisée par l'un de ses disciples. Là où ça bloque, c'est que de nombreux détails de la composition sont maintenant jugé anachroniques, comme des détails de l'architecture du château de Montemassi, des détails héraldiques, le costume, l'équipement militaire. De plus, une autre fresque se cache sous le Guido Riccio. Tout cela laisse à penser que la fresque a été réalisée au début du

XVIe siècle.

Claudia se met debout près de la fenêtre et feuillete son guide de Sienne. Je m'approche d'elle pour en savoir plus.

— Début du seizième, ça correspond à l'époque où Pandolfo Petrucci contrôlait la ville. Il était issue d'une famille noble de Sienne qui avait fait partie du conseil des Neuf. Nous sommes passés devant son palais en descendant de la cathédrale, le palazzo del Magnifico. On peut penser qu'il avait une certaine nostalgie de la grandeur passée de sa ville. Sienne vivait ses dernières années d'indépendance. C'était la grande époque de la Renaissance italienne.

Je restais un moment songeur devant le cavalier. Impassible, il restait muet face aux accusations, protégeant les intérêts de Sienne tant qu'ils étaient convergents avec les siens. La ville de Sienne, ses musées, ses universitaires, son office du tourisme restaient campés sur une date de réalisation en 1328 par Simone Martini, buttés comme le condottiere lui-même. Comme lui, ils fuiront un jour lorsque les fresques sous-jacentes seront dévoilées. Claudia ferma son livre et fit quelques allers et retours entre les deux fresques, puis me chuchota.

— Viens, passons dans la salle des Neuf. Tu vas voir, c'est un autre style que les galeries des glaces de Chiemsee et Versailles.

Nous entrons par une petite porte à travers un mur épais dans une pièce très haute, la *Sala dei Nove*. C'est le centre de décision de la Sienne des Neuf. Le système des Neuf gouverne Sienne de 1287 à 1355. On lui doit de nombreuses prises de décisions en faveur du bien public et de la prospérité de la ville plutôt qu'en faveur d'intérêts particuliers. Aujourd'hui encore, il symbolise une forme de gouvernement idéal.

Jusqu'au XI siècle, Sienne reste une ville de taille modeste. Elle n'a pas accès à la mer comme Pise. Elle n'a pas de rivière qui lui permettrait de développer une industrie comme Florence. Son seul atout, c'est d'être sur la route qui mène à Rome. Or, au cours des croisades et du conflit entre papes et empereurs germaniques, puis entre les papes de Rome et les papes d'Avignon, puis entre les rois de France, de Naples et de Rome, cette route devient un axe majeur. La route du littoral, plus dangereuse, est délaissée. La route intérieure, la via Francigena, permet de réaliser des opérations commerciales et bancaires. Dans le conflit qui oppose l'empereur Barberousse aux villes lombardes et au pape, il est impossible de rester neutre. Sienne choisit de soutenir l'empereur. Elle se range à ses côtés et perd avec lui la bataille de Legnano en 1167. Cela lui vaut d'entrer en conflit avec Florence et le pape, mais lui permet d'obtenir de l'empereur les droits régaliens sur son territoire à partir de 1180, trois ans avant les villes lombardes. L'élection de consuls, la rédaction de lois, la fixation de taxes et de corvées, la monnaie sont désormais sous son contrôle. En 1197, à la mort de l'empereur Henri IV, fils de Barberousse, Sienne entre dans la *Lega di Tuscia*, la ligue des villes toscanes, aux côtés de Florence, Lucques, San Miniato, Volterra pour éviter d'être entraînée dans une guerre de succession. Pise, plus fidèle à l'empereur, s'abstient, s'isole. Cet accord reconnaît les frontières réciproques des villes toscanes et leur permet d'affirmer leurs droits vis-à-vis de l'empereur et du pape. Sienne et Florence en sortent renforcées. Elle coopèrent. Sienne conquiert bientôt une ville proche et utile à son commerce, l'industrieuse Montalcino, connue pour son travail du cuir et pour ses vins et située, comme elle, sur la voie Francigena. De son côté, Florence détruit une ville concurrente à son marché, Semifonte, en 1202 avec le soutien de Sienne. Une fois les villes proches conquises. Les frontières de Sienne et Florence se touchent. L'affrontement est inévitable. Sienne reste gibeline, au côté de l'empereur. Florence est guelfe, au côté du pape. Les forces gibelines et guelfe se rassemblent derrière chacune de ces villes. Pise, gibeline, se joint à Sienne. En 1260, Sienne remporte la bataille de Montaperti qui lui permet d'élargir ses frontières vers la mer et vers le nord au détriment de Florence. Cette bataille met le pape en difficulté et l'amène à faire appel au royaume de France. Bientôt, la situation se retourne. Sienne est battue par Florence en 1269. Elle conserve l'essentiel de son territoire, mais les nobles, traditionnellement gibelins, sont écartés du pouvoir. On les associe au terme de tyran. En 1270, un gouvernement guelfe se met donc en place, le gouvernement des Trente, bientôt suivi du gouvernement des Quinze, puis en 1287 du gouvernement des Neuf. Les Neuf représentent l'aboutissement d'une réflexion sur l'organisation politique de la ville. Six de ses membres sont issus de la guilde des citoyens marchands, deux par terzo. Les trois autres, un par terzio, sont nommés par les six premiers. Tous les deux mois, les membres du gouvernement sont renouvelés. Leur réélection n'est possible qu'après une période de carence de 20 mois. Ce renouvellement rapide permet au conseil des Neuf de se consacrer entièrement à ses tâches politiques et diminue les possibilités de corruption.

Le gouvernement des Neuf donne à Sienne une grande partie de ce qui fait aujourd'hui sa renommée. Entre 1297 et 1310, il fait construire le Palazzo Pubblico. C'est là que, cinquante ans après la bataille de

Montaperti, il décide de publier en langue vernaculaire le *costituto senese*, une sorte de constitution. En 1333, la piazza del Campo est pavée de briques. En 1334 débute la construction de la fontaine. En 1338, Ambrogio Lorenzetti réalise l'*Allégorie et effets du Bon et du Mauvais Gouvernement* dans la salle des Neuf. Cette fresque est une sorte de version illustrée de la constitution siennoise.

Nous avançons au centre de la pièce. Devant nous les fenêtres sud du bâtiment. Claudia se tourne face à la fresque centrale.

— C'est l'allégorie du bon gouvernement, commence t-elle. Une allégorie, c'est la représentation imagée d'une idée abstraite.
— *Allos*, autre, *légô*, dire, donc dire autrement. Je crois entendre mon grand-père.
— Ce bon gouvernement comprend deux éléments, la justice et le bien commun. Ca ton grand-père ne te l'a peut-être pas dit.
— Continue.
— Tu peux lire la fresque de gauche à droite. A gauche la Justice avec ses deux dimensions. Ca reprend les idées d'Aristote et de Saint Thomas d'Aquin. Sur le plateau de gauche, un ange rouge. C'est l'ange distributif. Il décapite le condamné et couronne le juste. Sur le plateau de droite, un ange blanc. C'est l'ange commutatif. Il facilite les échanges et donne aux marchands des instruments de mesure. La justice équilibre les deux plateaux. Elle a le regard tourné vers le haut, vers la sagesse divine, *Sapientia*, qui tient le sommet de la balance. De chaque plateau part une corde : rouge pour le plateau distributif, blanche pour le plateau commutatif. Concordia, la belle blonde assise aux pieds de la justice tient ces deux cordes dans sa

main gauche. Elle aide à conserver l'équilibre des plateaux. Elle a sur ses genoux un rabot pour aplanir les conflits. A partir de là, les deux cordes sont tressées en une seule qui quitte la main de Concordia pour passer dans celle de vingt-quatre représentants du peuple, puis elle remonte dans la main droite de la commune de Sienne représentée par cet homme à barbe blanche. Commune est masculin en italien, *il comune*. De la même main, il tient une épée dressée et de l'autre un bouclier dont le blason est une vierge à l'enfant. Autour de sa tête, les lettres C S C V signifient Commune de Sienne, cité de la vierge. A ses pieds, tu vois la louve et les jumeaux romains. Les trois anges au dessus de lui sont les vertus théologiques : la Foi, la Charité et l'Espérance. A côté de lui, sont assises les vertus cardinales : la Force, la Prudence, la Tempérance, la Justice. Lorenzetti en a ajouté deux autres : La Magnanimité, certainement utile à qui veut le bien commun, et la Paix. Comme tu le vois, la Paix est assise entre la Justice et la Commune. Elle a l'air relax, mais sous son coussin, elle a une armure prête à être enfilée.

— On ne reconnaît pas vraiment la vierge sur le bouclier, fis-je en me rapprochant du mur.

— Oui, la fresque est abîmée. Elle a presque 700 ans.

Nous regardons encore, les effets d'un mauvais gouvernement sur le mur de gauche et d'un bon gouvernement sur le mur de droite.

— Il a une sale tête le tyran avec ses cornes, ses dents de sanglier et ses yeux qui louchent, commentais-je.

— C'est ce qui arrive quand tu te laisses conseiller par l'avarice, l'arrogance et la vanité et que tu ligotes la

Justice.

— J'aime cette opposition entre Peur et Sécurité : la porte ouverte, le commerce actif d'un côté, la porte fermée et la ruine de l'autre

— La ville du bon gouvernement est Sienne. On reconnaît la coupole de la cathédrale, le campanile. Le cavalier qui quitte la ville avec un chapeau rouge et blanc, c'est Orlando Bonsignori. Orlando était un ami personnel du pape génois Clément IV qui régna de 1243 à 1254. Grâce à lui, Orlando devint le dépositaire exclusif des revenus des états papaux jusqu'à sa propre mort en 1273. Il opérait la plus grande banque du XIIIe siècle, la Gran Tavola. Après lui, les papes ont fait confiance à d'autre banquiers.

— La confiance est la monnaie ultime, laissais-je échapper.

Claudia releva l'interruption d'un sourire et continua :

— Tu vois la végétation, là ? Il n'y a pas un seul cyprès. Les plantations de cyprès sont relativement récentes en Toscane.

La visite continue. Nous prenons un escalier vers le second étage. J'ai la tête pleine et le pas lourd, mais m'efforce de rester présent. Nous débouchons par une salle de musée sombre sur une loggia lumineuse qui occupe la moitié de l'étage. Cette terrasse est couverte d'un toit en tuile dont la charpente prend appui sur de larges piliers, de peut-être cinq ou six mètres de haut. Nous sommes éblouis par la lumière. Face à nous s'étendent les collines siennoises. Sous le Palazzo Pubblico, la ville et la place du marché sont au premier plan, dominées par les tons ocres et rouges des briques et des tuiles. Juste derrière, la verdure d'un parc s'étend jusqu'à la plaine. Au loin, des collines rondes, noires, vertes se détachent d'un horizon blanc et bleu.

— La loggia date de 1348. Elle permettait aux Neuf de se détendre les jambes tout en restant cloîtrés dans le Palazzo Pubblico, protégés des influences extérieures. La même année se termine la construction de la Torre del Mangia qui symbolise la puissance publique. Achevée en 1348, haute de 88 mètres, elle atteint la hauteur du campanile de la cathédrale. Le pouvoir civil égale en quelque sorte le pouvoir céleste. Certains virent dans cette arrogance la raison du déclenchement de la peste noire.

— En 1348 ?

— Oui. Le bacille de la peste a d'abord frappée la Mongolie et la Chine vers 1330, mais semble-t-il sans créer d'épidémie de grande ampleur. En 1345, des épidémies se déclarent dans le bassin de la Volga et en Crime. Là, les Génois avaient installé leur principal comptoir en mer Noire, Caffa, sur le site de l'ancienne ville grecque de Théodosie. Cette position stratégique leur permet d'échanger des marchandises avec l'Orient. Elle est régulièrement soumise à des incursions tartares. Les tartares auraient catapultés des cadavres de soldats morts de la peste avant de prendre la ville. Les Génois fuyants par la mer auraient emmenés rats, puces et bacilles pour contaminer d'autres comptoirs et villes de leur réseau commercial, Constantinople, Le Caire, Messine et la Corse. En 1347, la peste atteint Marseille et rapidement Avignon où se tient le pape. De là, elle se propage avec les visiteurs du pape et remonte la vallée du Rhône, progresse vers l'ouest, Montpellier, Toulouse, Bordeaux et donc l'Angleterre. En 1348, la peste a envahi les ports italiens, Pise et, de là, le reste de la Toscane. Par Venise, elle remonte vers l'Autriche, l'Allemagne et l'Europe du Nord. Partout, les populations sont décimées. A Sienne, la moitié de la population serait morte de la peste. Dans les années qui suivent, l'administration de Sienne est déstabilisée. Les revenus tirés du commerce et des activités bancaires se réduisent. Au cours de l'été 1344, Sienne est investie par des mercenaires qui pillent, volent, violent et tuent. En 1355, le gouvernement des Neuf fait face à des accusations de fraudes dans l'administration des impôts. Sous l'influence de l'empereur, les Neuf sont remplacés par un gouvernement des Douze, douze représentants du peuple assistés de douze nobles. Une longue période d'instabilité commence qui se termine par le rattachement, deux siècle plus tard, en 1559, au duché de Toscane des Medici et donc à Florence.

FLORENCE

Comme Pise et Sienne, Florence a droit au maximum d'étoiles dans le guide vert, *trois, vaut le voyage*. Avec Pise, nous avons vu le XIIIe siècle, avec Sienne le XIVe. A Florence, nous entrons dans le XVe. Alors que Sienne est encore dirigée par les Neuf, au début du XIVe siècle, les grandes familles marchandes et bancaires florentines, génoises et vénitiennes lui font une concurrence de plus en plus sévère. A Florence, ville guelfe, fidèle au pape, les familles Acciaiuoli, Bardi, Frescobaldi, Mozzi, Peruzzi, Scali ont pris le relais de la Gran Tavola siennoise auprès de l'église catholique.

Florence est traversée par une rivière, l'Arno. Contrairement à Sienne, elle peut développer une industrie avide d'eau, celle du travail de la laine. La Toscane seule ne peut bientôt plus couvrir les besoins en laine brute des entrepreneurs florentins. L'Angleterre est à l'époque le principal exportateur de laine. Les marchands florentins se pressent auprès du roi d'Angleterre, Edouard I. En cette fin de XIIIe siècle, Edouard I consolide sa conquête du pays de Galles. Il y fait construire de nouvelles villes, des châteaux, y mate des révoltes de barons. L'Ecosse lui impose aussi des interventions répétées. Les marchands florentins répondent à ses besoins en financement. Ils se font concurrence pour servir Edouard I et obtenir des droits d'exportation pour la laine ou, à défaut, les revenus des taxes d'exportation ou d'autres avantages monnayables. Toutefois, peu à peu, les livraisons de laine ne couvrent plus les passifs accumulés. L'insolvabilité du roi d'Angleterre affaiblit de nombreux établissements florentins. En 1308, un premier établissement, la maison Francesi, est en cessation de paiement. En 1309, c'est au tour des Ardinghelli. En 1311, ce sont les Pulci et, un an plus tard, les Macci. Lorsque quinze ans plus tard, en 1326, Charles d'Anjou, fils du roi de Naples, occupe brièvement Florence, tous les établissements bancaires doivent s'associer pour lui prêter 50.000 florins. Charles ne rembourse pas. C'est alors l'établissement le plus ancien et respecté de Florence qui sombre, la maison Scali. La faillite des Scali touche de nombreux déposants en Europe. A Gênes, les marchandises des florentins sont saisies. A Venise, les établissements florentins sont pris d'assaut par les dépositaires des Scalis. Dans toute l'Europe, la confiance envers les banquiers florentins est entamée.

Lorsqu'un conflit s'enlise, reste indécis, le risque de

défaut bancaire grandit. En 1314, Philippe le Bel se blesse à la chasse et meure. Ses trois fils lui succèdent, mais sans laisser de descendant masculin. La mort du dernier, en 1328, scelle la fin des rois capétiens et le début de la guerre de Cent Ans. Le jeune roi d'Angleterre, Edouard III, revendique le trône de France. Sa mère est la fille de Philippe le Bel. Les pairs de France lui préfère son neveu, Philippe de Valois, Philippe VI. Les banquiers florentins sont à la manœuvre. Lorsque Edouard III se débarrasse de la tutelle de sa mère en 1330, la maison Bardi est en première ligne pour financer le jeune souverain. Les Peruzzi, eux, sont actifs auprès de Philippe VI. En 1338, Edouard III fait arrêter et rançonner les commerçants italiens d'Angleterre, sauf les Bardi et les Peruzzi. Mais il est trop tard, le piège s'est aussi refermé sur ces deux maisons. Elles doivent continuer d'avancer des sommes sans contrepartie, au risque de subir le même sors. En 1440, s'ajoute à cela le conflit entre Florence et Pise à propos de Lucques. L'intervention annoncée de l'empereur, Louis de Bavière, en faveur de Pise fait craindre le pire aux déposants napolitains. Echaudés par la faillite des Scali, ils demandent le retrait de leurs avoirs dans les banques florentines. Certaines maisons florentines font faillites. Les Bardi, les Peruzzi et Acciaiuoli sont à nouveau affaiblis.

En 1442, pour stabiliser la situation politique interne, les Florentins font appel à un sauveteur étranger, Gautier de Brienne, duc d'Athènes. Gautier instaure son autorité et prend des mesures drastiques pour assainir les finances de la ville. Il annule les dettes de la commune et force les banques à lui prêter à taux préférentiel. Il est chassé rapidement, mais pour les Bardi il est trop tard. Le coup de grâce leur a été porté ailleurs : Edouard III annonce ne pas reconnaître ses dettes auprès des banquiers florentins. Les rois de France et de Naples décident de faire de même. Les Bardi sont en cessation de paiement. Leur chute entraînent celle des Peruzzi et des Acciaiuoli ainsi que d'autres maisons et dépositaires florentins. Pour Florence, c'est un krach financier suivi d'une crise économique sans précédent. En 1347, une famine affaiblit la population qui en 1348 est touchée par la peste noire.

A cette époque, les Medici sont une famille aux branches multiples. Connus à Florence depuis près de deux siècle, ils y possèdent des maisons. La première activité bancaire attestée de Medici concerne celle des fils d'Averardo de Medici qui réalisent des opérations de change et de prêt sur gage vers 1314. En 1348, l'un de leurs fils, Vieri di Cambio de Medici, est admis à la guilde des banquiers et changeurs de Florence. La disparition des anciennes maisons bancaires et l'effondrement de leurs réseaux offrent à Vieri di Cambio l'opportunité de se positionner comme nouveau partenaire de la curie de Rome. Il crée des succursales à Rome, Gênes, Bruges et Venise. Vers 1380, Vieri est à la tête de la troisième plus grande banque florentine. Il a amorcé la richesse des Medici.

En 1378, le nom de Medici devient étroitement lié à la révolte des ouvriers de la laine, les Ciompi. Un neveu de Vieri, Salvestro de Medici, participe à l'instauration du régime des Compi puis à sa répression. Il reste au pouvoir de 1378 à 1382. Cette révolte apporta une répartition plus sociale des impôts. On considère parfois qu'il s'agit l'avancée démocratique la plus significative au Moyen Age. En 1382, l'aventure prend fin et le pouvoir revient aux grandes guildes et à la famille guelfe des Albizzi. Salvestro, accusé de tyrannie, est exilé. L'image des Medici est compromise par les voltefaces de Salvestro, mais la famille a compris la leçon de prudence politique. Elle en fera désormais sa règle.

Giovanni di Bicci de Medici est un autre neveu de Vieri. Il apprend le métier de la banque auprès de lui. Bientôt, il est en charge de la succursale de Rome. Lorsque Vieri se retire des affaires en 1393, Giovanni a 33 ans. Il rachète la succursale de Rome et crée la banque Medici. En 1397, le siège est déplacé de Rome à Florence. Rome redevient succursale.

De ses années romaines, Giovanni a gardé un lien d'amitié avec l'anti-pape du concile de Pise, Jean XXIII. En 1413, celui-ci lui confie le dépôt de la dîme. En 1414, l'empereur convoque le concile de Constance pour résoudre le schisme de l'église. Les envoyés de la banque Medici, dont Cosimo, le fils aîné de Giovanni, sont présents. Après le concile, le nom de Medici est connu dans toute l'Europe. Jean XXIII étant déposé par le concile, la banque Medici perd un temps sa position dominante dans les affaires de l'église. Elle la retrouvera en 1420 après la faillite d'un concurrent florentin, la banque Spini. 1420 est aussi l'année que Giovanni choisit pour se retirer des affaires. Il a soixante ans. Il sait Cosimo apte à reprendre la banque. Ses fils lui sont associés.

Cosimo, que l'on nommera plus tard l'Ancien, a hérité du sens des affaires et de la prudence politique de son père. Lorsqu'il meure en 1464, les Medici sont devenus les maîtres discrets de Florence. Son petit-fils, Lorenzo, devient chef de famille et héritier de la banque. Sous Lorenzo, le ton change. La discrétion n'est plus de mise et les affaires bancaires périclitent. En 1472, la filiale de Londres a prêté 70.000 florins au roi d'Angleterre Edouard IV. Celui-ci, luttant pour conserver sa couronne, ne peut rembourser. La filiale est fermée. Des détournements et malversations ont lieu dans les filiales de Bruges et de Lyon. En 1478, Laurent est dans une situation critique. En conflit avec le roi de Naples et le pape, ceux-ci dénoncent leurs dettes et confisquent les avoirs de Medici sur leurs territoires. Mais les activités bancaires ne sont pas le souci principal de Laurent. Il éloigne la guerre en négociant personnellement avec le roi de Naples. Il évite la faillite en puisant dans les caisses de la commune de Florence. Il cherche à maintenir son pouvoir et à lui apporter une base plus large. Désormais les Medici ne sont plus banquiers, mais souverains dans une Italie aux équilibres instables. Ils devront faire preuve à la fois de prudence et d'audace pour continuer de jouer un rôle prépondérant.

En 1492, Laurent s'éteint. Son fils cadet se fera élire pape en 1513 sous le nom de Léon X. Son fils aîné, Pierre II, dit l'infortuné, lui succède. Il est bientôt chassé de Florence par Savonarole qui est soutenu par la branche cadette des Medici. C'est de cette branche cadette que seront issus après maintes aventures les ducs de Toscane. Dans la branche principale, le fils de Pierre II, Laurent II, auquel Machiavel dédira *Le Prince*, ne régnera plus sur Florence. Sa fille, Catherine de Medici, épousera en 1536 le futur roi de France.

Ces présentations faites, laissons-là les histoires politico-financières. Revenons en arrière. Suivons un autre fil. Cosimo l'ancien et Laurent le Magnifique soutiennent les arts et l'architecture. Ils font de Florence le centre de la Renaissance. C'est cette Florence là que Claudia et moi souhaitons découvrir. Claudia m'entraîne à pied vers la porte Saint Nicolas au bord de l'Arno, au sud-est de la ville. De là, nous commençons l'ascension à travers une série d'escaliers vers l'église de San Miniato al Monte.

Vers 250 après J.C., San Miniato vivait en ermite sur

cette colline. Décapité sur la place centrale de Florence lors des persécutions de chrétiens, il aurait traversé l'Arno et serait remonté la tête sous le bras pour mourir à cet emplacement. Une fois sur le parvis de l'église, Claudia me prend le bras pour me faire pivoter sur moi-même. Je me laisse faire. Le paysage permet de mieux comprendre pourquoi San Miniato a souhaité mourir ici. Florence s'étend comme posant pour une carte postale : à gauche le jardin de Bobolli, au centre le dôme de la cathédrale, au loin les collines de Fiesole.

Si l'église de San Miniato al Monte est pour la vue sur Florence l'équivalent du Sacré-Cœur de Paris, en termes d'architecture les deux bâtiment ont peu en commun. La construction de San Miniato débuta en 1012, celle du Sacré Cœur en 1875. San Miniato al Monte est l'une des trois plus anciennes églises romanes de Florence. Le Sacré Cœur est l'une des dernières construites à Paris.

San Miniato al Monte est une église de transition entre deux styles, comme elles le sont un peu toutes, comme nous sommes un peu tous le centre d'un monde, faisant le lien entre un avant et un après. Elle utilise des colonnes d'édifices romains, elle a une structure romane et une façade du XIIIe siècle. Dans la mosaïque au faîte de la façade, on remarque un aigle juché sur un ballot de laine, le symbole de la *Calimala*, la corporation des marchands. Cet aigle domine la vallée du regard, comme les marchands dominaient la ville.

Peu après l'achèvement de cette façade, les notables florentins se sont attelés à un nouveau projet. Depuis plus d'un siècle, Florence est à la traîne de Pise. Pise a fait consacrer sa cathédrale dès 1118, les portes en bronze y ont été apposées, en 1180. Utilisons la longueur des églises comme étalon de comparaison : La cathédrale de Florence, Santa Reparata, fait 57 mètres de long. Même San Miniato al Monte, avec ses 60 mètres, est plus longue. La cathédrale de Pise dépasse les 110 mètres. Florence, la ville guelfe fidèle au pape, a une cathédrale deux fois plus petite que celle de Pise, gibeline, fidèle à l'empereur. Sienne, son autre rivale gibeline, achève une cathédrale de plus de 90 mètres de long. En France, en cette fin de XIIIe siècle, le gros œuvre des cathédrales gothiques est achevé. Leur longueur dépasse les 130 mètres. Notre-Dame de Paris et de Chartres ont 130 mètres chacune, Amiens 133. Reims, cathédrale royale, 149. Il est temps pour les Florentins d'agir.

En 1296, Arnolfo di Cambio est le principal architecte de Florence. On l'a vu élève des Pisano, père et fils, sur les chantiers des cathédrales de Pise et de Sienne. Depuis, il s'est formé auprès des meilleurs artistes de Rome. Agé de soixante ans, il sillonne depuis plusieurs décennies les grands chantiers italiens. Il observe, note, réalise des statues, des fontaines, des sarcophages pour les rois et les papes. On lui confie des restaurations et des chantiers d'églises. Sa feuille de route pour Florence est simple : construire une église par sa taille et sa beauté sans pareille en Toscane, Santa Maria del Fiore. Son projet, il le présente au conseil des cent sous la forme d'une maquette en bois : c'est une cathédrale de 120 mètres de long sur 80 de large construite à l'emplacement de Santa Reparta. Après avoir fait dégager les fondations de l'ancienne église, il la fait enserrer de nouvelles. La nouvelle façade est mise en place rapidement. Derrière elle, c'est une Santa Reparata raccourcie qui reste en service. La façade produit son effet dès le début de la construction. Les marchands florentins qui réglementent la disposition des tissus sur les étalages imposent la même discipline esthétique à leur cathédrale.

A Sienne, en 1348, la peste noire avait stoppé net la

construction de la nouvelle cathédrale. A Florence, elle n'arrête le chantier qu'un an. En 1351, Francesco Talenti prend la direction des travaux. Avec lui débute l'élargissement et l'allongement du plan initial d'Arnolfo di Cambio. Santa Maria del Fiore doit refléter la puissance croissante de Florence. Avec ses 153 mètres de long, elle dépassera toutes les cathédrales de son époque. Seule Saint-Pierre de Rome sera plus longue, mais deux cents ans plus tard.

En 1421, l'immense construction est terminée. Il lui manque juste une coupole. Depuis plusieurs décennies, cette coupole est un objet de raillerie et symbolise l'arrogance et la bêtise des Florentins. Pourtant, les Florentins y croient toujours. L'un de leurs meilleurs architectes est alors Neri di Fioravante. Assistant de Francesco Talenti, il est le concepteur du Ponte Vecchio en 1345. On lui confie l'étude de la coupole. En 1367, il remet son plan. On peut faire l'économie des contreforts et arc-boutants en réalisant une double calotte comme celles des mausolées perses. Il faut pour cela incorporer à la structure des tirants en pierre et en bois semblables aux cerceaux d'un tonneau. De plus, la structure peut être plus élevée que les coupoles rondes traditionnelles, comme celle du Panthéon de Rome, en utilisant des arcs brisés gothiques. Son plan est accepté par la population de Florence et conservé précieusement par l'œuvre de la cathédrale. Néanmoins, ce plan manquait cruellement de détails, en particulier sur la façon dont disposer et réaliser les cerceaux. Neri décède quelques années plus tard avant que le problème ne se pose.

Filippo Brunelleschi est un enfant de Florence. Comme Arnolfo di Cambio, il s'est formé à la sculpture. Comme lui, il partit à Rome étudier les modèles antiques. Toutefois, Pippo da Firenze, comme on le nome dans ces premiers contrats est, plus qu'Arnolfo di Cambio, habitué à utiliser différentes techniques. Il a un apprentissage d'orfèvre, pratique le dessin. Il a appris à travailler la soie et les métaux auprès des meilleurs artisans de son époque. Toute son enfance, il a suivi la construction de la cathédrale. En 1401, l'Arte di Calima organise un concours pour la réalisation de la seconde porte du baptistère, la porte nord. Chaque participant (ils sont sept) doit réaliser un panneau de bronze. Brunelleschi termine ex-aequo du concours avec un autre inconnu, Lorenzo Ghiberti. Brunelleschi est alors âgé de 24 ans, Ghiberti en a 23. Ghiberti refuse la collaboration avec Brunelleschi. Son panneau de bronze est plus léger de sept kilos. Il prévoit de le mouler en une seule pièce à l'exception de la figure d'Isaac. Après négociation, c'est Ghiberti seul qui se voit attribuer le chantier des 28 panneaux. Brunelleschi est écarté.

Dépité, il quitte Florence en 1402, se rend à Rome accompagné de son ami Donatello[5]. Là, il étudie les proportions et les techniques de construction des monuments antiques. A-t-il déjà compris que la coupole de la cathédrale sera le plus grand chantier du siècle et que seule une évolution des techniques permettra de la réaliser ? Lorsque deux ans plus tard, il revient à Florence, c'est pour exercer en tant que sculpteur, mais désormais aussi comme architecte. En 1404, il conçoit un contrefort pour la cathédrale de Florence. En 1410, on lui confie une partie de l'approvisionnement en briques. En 1412, il apporte des conseils pour la réalisation de la façade de la cathédrale de Prato. En

---

[5] Donato di Niccolò di Betto Bardi, dit Donatello (1386-1466), est un sculpteur florentin. Son œuvre la plus connue est un David en bronze commandé par Cosimo de Medici et réalisée entre 1430 et 1432.

1415, Pise confie à Brunelleschi la restauration du pont de la citadelle. En 1416, on lui attribue l'invention de la perspective linéaire à point de fuite unique.

Depuis 1413, le tambour octogonal sur lequel la coupole de la cathédrale de Florence doit reposer est achevé. A plus de 50 mètres de haut, un trou béant de 42 mètres de large laisse le cœur à découvert. Aucune structure provisoire n'est capable de supporter le poids d'une coupole si grande. Le 19 août 1418, un avis de concours est lancé pour trouver une solution. Les participants ont jusqu'à fin septembre pour présenter leurs modèles et leurs plans. Le lauréat gagnera 200 florins.

Pour Ghiberti et Brunelleschi, c'est l'heure d'une nouvelle confrontation. Lorenzo Ghiberti, le jeune orfèvre qui faisait des boucles d'oreilles avant de gagner le concours des portes du baptistère, a désormais quarante ans. Il est l'un des artistes les plus reconnus d'Italie. Il réalise des tombes, des statues en marbre et en bronze. A Sienne, il a réalisé les reliefs des fonts baptismaux de la cathédrale. En 1414, sa statue de Saint Jean Baptiste est installée dans une niche d'Orsanmichele. Avec neuf pieds de haut, c'est la plus grande statue jamais fondue à Florence. Elle symbolise le savoir-faire de Ghiberti. Son expérience en architecture est en revanche quasi nulle.

Les deux opposants s'affairent. Ils doivent présenter un modèle au jury. Le modèle de Ghiberti est classique. Il est réalisé en petites briques cuites, en quelques jours avec quatre maçons et un charpentier. Brunelleschi a besoin de plus de temps pour le sien. Il le fait sans structure d'étaiement, mais refuse de livrer plus de détails. Les juges sont sceptiques. La structure classique de Ghiberti permet-elle de porter la coupole ? Tous en doute. La construction sans structure de Brunelleschi est elle réalisable ? Mêmes doutes. La décision est ajournée.

A la fin de 1418, Florence a soudain d'autre priorités. Une fissure est apparue sur la tribune nord construite dix ans auparavant. Il faut évaluer le risque pour le tambour de la coupole. Malheureusement, dans le même temps, le maître d'ouvrage de la cathédrale décède. De plus, le nouveau pape, Martin V, annonce son arrivée en ville. Son élection un an auparavant à Constance a mis fin au grand schisme de l'église catholique. Après avoir parcouru les principales villes d'Italie et en attendant la restauration des fortifications et églises de Rome, Martin V restera quelques mois à Florence. La ville guelfe doit lui faire honneur. Elle profite des ouvriers disponibles depuis l'arrêt du chantier de la cathédrale pour préparer un logement digne de l'accueillir. Ghiberti reçoit sa première commande architecturale, un nouvel escalier pour l'église de Santa Maria Novella, juste en face de son atelier.

En attendant, Brunelleschi est raillé. On garde de ses

explications l'anecdote de l'œuf. Il aurait lancé un défi à l'assistance : celui qui sera capable de faire tenir debout un œuf, sera en mesure de construire la coupole. Certains s'y essaie et parmi eux tous abandonnent. Brunelleschi écrase alors le sommet de l'œuf sur la table. L'œuf tient. Ses détracteurs crient à tricherie : de cette façon-là, ils peuvent aussi y arriver. Brunelleschi leur répond que c'est pareil pour la coupole. Quand il leur aura montré comment faire, ils y arriveront. On le traite de fou arrogant. Il s'énerve, on le fait évacuer de la salle.

San Jacopo Soprarno est une petite église romane sur la rive gauche de l'Arno. Pour garder notre base de comparaison initiale, ajoutons qu'elle mesure 35 mètres de long. Comme son nom l'indique, l'église donne sur l'Arno, tout au moins son cœur. On y entre par la rue San Jacopo Borgo. L'une des plus vielles familles florentines, les Ridolfi, commande à Brunelleschi la construction d'une chapelle. 300 mètres plus loin, toujours sur la rive gauche de l'Arno, dans le prolongement du Ponte Vecchio, ce sont les Barbadori qui commandent à Brunelleschi une chapelle dans l'église de Santa Felicita. Puis c'est au tour de Giovanni de Medici, le père de Cosimo de soutenir Brunelleschi. Il souhaite ajouter une sacristie à la basilique de San Lorenzo, cette fois-ci au nord de la ville. C'est là que Giovanni de Medici sera plus tard inhumé. Enfin, la corporation de la Soie confie à Brunelleschi la construction de l'orphelinat Spedale degli Innocenti. En l'espace de six mois, Filippo Brunelleschi reçoit commande de quatre bâtiments. Ces quatre bâtiments encadrent la cathédrale presque à égale distance au sud-ouest, au sud-est, au nord-ouest et au nord-est. Trois incluent la réalisation de coupoles.

A la fin de 1419, la corporation de la laine nomme une commission de quatre membres, les officiers de la coupole, les Uffitales Cupule. En avril 1420, ces derniers convoquent une assemblée de la corporation. Il s'agit de choisir un nouveau capomaestro, le responsable du chantier de la cathédrale. Le choix se porte sur un maître-maçon de trente huit ans, Battista d'Antonio déjà vice-capomaestro. Huit autres maçons sont nommés responsables de chacune des faces octogonales de la coupole. Brunelleschi et Ghiberti sont également nommés capomaestro aux cotés de Battista d'Antonio.

Le 7 août 1420, la construction de la coupole commence. L'année suivante, Cosimo de Medici reprend les affaires familiales. Suite à la faillite de la banque Spini, les Medici redeviennent les banquiers principaux du pape. Tout se passe comme si la construction en cours de cette impossible coupole rendait confiance en cette ville et inspirait les Florentins à innover, à faire ce que personne n'avait osé faire avant eux.

Nous déambulons dans les rues de Florence. Claudia me montre Santa Felicita et sa chapelle Barbadori-Capponi. Nous nous engageons sur le ponte Vecchio. De là, on aperçoit sur la gauche le clocher de San Jacopo

Soprarno. Nous continuons le long de l'Arno vers l'est jusqu'à la piazza dei Uffizi. Cette place piétonne s'étire, large comme une avenue, jusqu'à la piazza della Signoria. Là, nous faisons une pause, sur le banc en pierre qui enserre la loggia della Signoria. Il est midi. Claudia ne dit rien. Elle ferme les yeux et pose sa tête sur mon épaule. Elle semble assommée par la profusion d'information, d'œuvres, de détails.

— Un début de syndrome de Stendahl ou tout simplement des symptômes de faim et de fatigue ? demandais-je.

Elle répond à ma question d'un signe las de la main. J'insiste en appuyant doucement sur son épaule, elle allonge les jambes, me prend le bras et murmure :

— Chut, plus bouger. *Pause. Zehn Minuten.*

Je décide de fermer les yeux et met ma main dans la sienne.

La via dei Calzaiuoli, c'est-à-dire la rue des chausseurs, est l'une des plus longues du centre de Florence. Tracée par les Romains, elle relie directement la place de la Signoria, cœur politique, à la place de la cathédrale, haut lieu spirituel. Cette rue abritait les échoppes des marchands de chaussures, d'étoffes et de vêtements, faisant d'elle le centre commercial de la ville, la rue numéro un de la Renaissance.

Dans la via dei Calzaiuoli se trouve un symbole de la symbiose commerciale, politique, artistique et religieuse florentine. En 1240, une chapelle située dans le jardin d'un ancien couvent bénédictin est détruite pour abriter la corporation des marchands de céréales. Ils y construisent un bâtiment surmonté d'un entrepôt permettant de mieux résister aux sièges et famines. Cent vingt ans plus tard, la mauvaise conscience rongeant sans doute les marchands, ils rendirent le bâtiment au culte et le nommèrent Saint Michel au jardin, en toscan Orsanmichele. Cette nouvelle église restait néanmoins droite, haute et fermée comme un entrepôt. Au début du XVe siècle, pour permettre son embellissement rapide, les magistrats de la ville attribuent des tabernacles aux quinze plus importantes corporations de la ville. C'est ainsi que les tabernacles d'Orsanmichele deviennent une sorte de musée sculptural en plein air. Les corporations sélectionnent les meilleurs artistes florentins. Donatello, Verrocchio, Ghiberti sont de la partie. Chacun réalise un ou plusieurs tabernacles, mettant en scène le saint protecteur de la corporation commanditaire. Le premier à ouvrir les hostilités est Piero di Giovanni Tedesco. En 1399, sa Madonna della Rosa est pour l'arte des médecins et apothicaires (*Medici e Speziali*). Comme pour les autres statues, l'original est conservé à l'intérieur du bâtiment, le musée d'Orsanmichele. Toutefois, une copie occupe l'emplacement d'origine, c'est-à-dire le troisième tabernacle de la rue de Lamberti en partant de la gauche. Chronologiquement, la dernière statue est celle de Jean de Bologne, *Giambologna*, un sculpteur flamand né à Douai en 1529. Elle occupe la troisième niche en partant de la gauche dans la via dei Calzaiuoli. Elle représente un Saint Luc réalisé en bronze en 1602 pour la corporation des juges et notaires (*Giudici e Notai*). Ainsi se clôt un cycle qui couvre deux siècles, de la pré-Renaissance au maniérisme.

Nous débouchons sur la piazza del Duomo entre le baptistère est la cathédrale. A gauche, nous découvrons la porte est du baptistère, réalisée par Lorenzo Ghiberti. Sa perfection explique la confiance que lui attribuait l'arte de la Calimala et la difficulté pour Brunelleschi de se débarrasser de son co-capomaestro.

Claudia m'entraîne dans la cathédrale. Nous commençons par les deux fresques profanes du mur nord (gauche). Elles représentent les statues équestres de deux condottieri au service de Florence : Sir John Hawkwood et Niccolò da Tolentino. L'un sauva Florence de Milan en 1392, l'autre d'une coalition siennoise en 1432. Les deux œuvres ont été peintes quelques décennies après la mort des protagonistes, respectivement en 1436 et 1456. A cette époque, il était important pour la ville de montrer son immense gratitude envers les mercenaires qui la servaient, sans toutefois aller jusqu'à réaliser une vraie statue. La représentation d'une statue devait suffire. Réalisées avec un intervalle de 20 ans, ces fresques montrent l'évolution dans l'utilisation des principes de la perspective en peinture. Le théoricien de cette perspective *à point de fuite unique* repose quelques pas plus loin, toujours sur le côté nord de la cathédrale. Nous le connaissons, c'est Brunelleschi.

Quelques mètres plus loin, une autre fresque nous attend. Peinte en 1465, elle montre Dante Alighieri debout, tenant à la main un exemplaire de la Divine Comédie. A sa gauche, les damnés descendent en enfer, à sa droite, Florence. Derrière lui, le purgatoire a la forme d'une montagne dont le sommet est le jardin d'Eden. Au dessus d'elle se trouve un paradis symbolisé par les arches du ciel. Les guides florentins expliquent avec un air malicieux que l'opposé de l'enfer n'est pas le paradis céleste, mais la ville de Florence elle-même.

Nous commençons à gravir les escaliers de la coupole. De temps en temps Claudia s'arrête. Je me retourne. Elle me sourit.

— C'est bizarre. On donne tout le crédit de la coupole à Brunelleschi.

— Oui, tu penses que Ghiberti mérite sa part ? demandais-je.

Elle fit une pause, puis continua un peu essoufflée :

— Oui, peut-être, mais pas seulement lui. Je trouve que l'on simplifie trop en donnant tout le crédit à une seule personne.

— On ne pouvait pas enterrer tous les ouvriers dans la cathédrale, répondis-je.

— Oui, bien sûr, mais je ne pensais pas seulement à ceux qui ont financé ou participé à la construction. Je pensais aussi à celui qui a donné l'impulsion initiale, Neri di Fioravante.

— Ah, oui, pourquoi lui ?

— Il a construit le ponte Vecchio et a fait le croquis initial de la coupole à double calotte que Brunelleschi a réalisée. Deux monuments emblématiques de l'identité florentine viennent de Neri.

— Hm, ok.

— Et son nom colle parfaitement à ce rôle d'initiateur : son prénom, Noir, son nom de famille la *fleur qui avance*. A Florence, depuis que les guelfes noirs ont chassés les blancs en 1301, le noir est devenu la couleur de l'approbation et du soutien dans les votes. Le plan de Neri a été approuvé par vote de la population florentine avant même la naissance de Brunelleschi. La fleur, c'est Florence, le lys est son symbole. Sa cathédrale est Sainte Marie de la fleur.

— Et pourquoi pas Arnolfo di Cambio ?

— Arnolfo et ses commanditaires avaient un plan plus petit et plus réalisable pour la cathédrale. Celui qui l'a vraiment agrandie, Francesco Talenti,

a laissé le problème de la coupole aux générations futures. Son plan n'était pas réalisable de façon traditionnelle. C'est Neri qui a réellement réfléchit au problème. Cela n'enlève rien au mérite de Brunelleschi. Sans lui la cathédrale de Florence serait probablement restée sans coupole.
— *Nani gigantum humeris insidentes.*
— Pardon ?
— Nous sommes des nains assis sur les épaules de géants. C'est une citation de Bernard de Chartres, un humaniste et évêque du XIe siècle. Elle est utilisée par les scientifiques pour indiquer qu'ils utilisent les travaux de leur prédécesseurs. Isaac Newton et Blaise Pascal l'ont par exemple reprise.
— Monsieur parle latin…
— Non, je l'utilise dans mes présentations sur l'innovation. Et comment s'appelle-t-il déjà le capomaestro, maître-maçon ?
— Battista d'Antonio ?
— Tu le mets où dans l'ordre du mérite de la coupole ?
— Je ne sais pas. Il faudrait avoir été sur le chantier pour voir comment le travail et les discussions se passaient. Je pense qu'en tout cas il a dû participer à l'éviction de Ghiberti en confirmant son incompétence dans la conduite du chantier et qu'il a su travailler en bonne intelligence avec Brunelleschi. C'est intéressant de voir l'attention portée à la sécurité sur le chantier : un seul accident mortel. Les deux hommes ont du travailler ensemble pour trouver des solutions pour la sécurité des ouvriers.

Jeudi nous retournâmes à Florence et virent l'église

Santa Maria Novella et ses fresques de Giotto, Ghiberti et Lippi, le couvent San Marco et ses fresques de Fra Angelico, puis nous fîmes quelques cafés et, au retour, un glacier sur la rive gauche de l'Arno.

VINGT-QUATRE BRAS

Vendredi matin, le visage de Claudia était tendu. Elle avait des cernes.

— Tu as bien dormi ?

— C'est notre dernier jour de vacances, dit-elle sèchement.

— Oui, je sais, demain retour au quotidien, soupirais-je. Qu'est-ce que tu veux faire aujourd'hui ? dis-je en humant mon café.

— Rien. Euh, si, arrêter le temps.

— Ca, j'aimerai bien le faire aussi, de temps en temps, dis-je en lui caressant la joue.

Elle se mit soudain à pleurer, baissant la tête sur ses tartines, mettant presque ses mèches dans la confiture et le beurre.

— Excuse-moi. Ca va aller. Je suis un peu fatiguée. Il faut que je parle à Anna. Elle me manque terriblement. Je suis bien avec toi. La rentrée sera difficile.

Je lui souris.

— Mario. Comment on va faire une fois rentrés ? Je ne veux pas aller tous les week-ends à Paris. Je n'ai ni le temps, ni l'argent, ni l'énergie de faire ça.

Toute ma théorie des points d'ancrages, des contraintes structurantes, des petits cailloux s'effritait devant moi, se transformait en sable, prêt à être emporté par le vent. Je n'avais pas d'autre histoire. Le bonheur est un état instable. On en compte les instants.

— Je ne sais pas, on va y réfléchir. Laisse-moi un peu de temps. Maintenant que tu as formulé le problème, c'est moi qui ne vais plus pouvoir dormir, ajoutais-je en souriant.

A quoi bon mentir. Tu sais lecteur que ce roman n'est qu'une brochure commerciale. Elle cherche à te convaincre qu'acheter un appartement avec quelques autres impulsifs utopiques est une bonne idée. Après toutes ces pages sur la Toscane, soit tu as décroché, soit tu as une petite envie d'y aller. Maintenant que le décor est en place, c'est la démonstration commerciale qui doit commencer. Mais, comme tous ceux qui démarrent trop vite, sans réfléchir, sans doser leur énergie, sans avoir toute la distance de la course en tête, je suis sur le point de me prendre les pieds dans le tapis, d'abandonner. Je n'ai pas envie de faire souffrir Claudia. Le mieux serait de la laisser filer.

— C'est le temps qui fera la différence. Nous n'avons pas besoin d'avoir un plan, il nous faut juste un objectif. Pense à Brunelleschi. Il ne savait pas non plus en détail si ça allait fonctionner. Il avait quelques bonnes intuitions. Il avait le sentiment que, si cela pouvait marcher, alors ce serait de cette façon là. C'est seulement lorsque le moment de vérité est venu qu'il a aussi su que cela marchait réellement. *The proof of the pudding is in the eating.* C'est toi qui m'a parlé de son approche pratique, du fait que la construction s'est jouée à la hauteur de vingt-quatre bras, lorsque la pesanteur tirait les briques dans le vide avant que le mortier ait pris. C'est pareil pour nous. Le moment où nous atteignons les vingt-quatre bras arrive. C'est normal que nous soyons nerveux.

— Tu es en train de me dire que tu compares notre relation à la coupole de la cathédrale de Florence ?
— En quelque sorte, oui, répondis-je, attendant que ma comparaison s'écroule comme un château de carte.
— C'est-à-dire à quelque chose que beaucoup ont essayé sans succès ? A quelque chose qui réclame des techniques de construction jusqu'alors inconnues ?
— Oui, c'est un peu ça.
— Bon, Et tu peux faire un modèle pour me convaincre que la construction va tenir ? Qu'elle ne sera pas une grande cathédrale inachevée comme à Sienne ?
— Je peux essayer.

Sur un calendrier à citations, j'ai lu une fois que l'amour ce n'est pas se regarder les yeux dans les yeux, mais regarder dans la même direction. Pour l'instant, Claudia et moi, dos à dos, regardions dans des directions opposées, moi vers l'ouest, elle vers l'est. Le quotidien avait brusquement repris le dessus. L'approche rationnelle aurait été de renoncer à notre relation, de la laisser doucement dériver jusqu'à une séparation géographico-sentimentale *de facto* fin juin. Je cherchais à deviner si Claudia avait pris la décision de laisser dériver, si elle était simplement paralysée ou si elle attendait elle-même de voir ce que je ferai. Intérieurement je craignais un scénario à la Martine dans lequel elle m'énoncerait les dispositions déjà prises pour mettre fin à notre chimère. Cela pouvait se régler en trois coups de cuillère à pot. Le premier coup ne vint pas.

Le jeudi suivant, nous étions à nouveau au Dantebad.

Après quelques longueurs nous montâmes siroter une boisson au Hechtsprung. Claudia sortit son galet, une mèche lui cachait la moitié du visage. Elle avait les lèvres pincées, hermétiques. Je tirais mon galet tout en la regardant, d'un air de dire « je l'ai aussi ». Je le posais près du sien.

— Maintenant, Monsieur Ionidis, il va falloir m'expliquer comment on gère la transition fin juin.

Je soupirais, à la fois soulagé qu'elle en parle et ne sachant que dire.

— C'est quoi le plan Monsieur Ionidis ?
— Il n'a y a pas de plan, dis-je d'un ton doux.
— Pas de plan ? répéta-t-elle en fronçant les sourcils.

Elle fit une pause. Puis, avec un regard suppliant, un regard qui me demandait de ne pas casser un beau rêve, elle ajouta d'une voix douce :

— Fais un effort Mario.

On ne dit pas non à une femme comme Claudia quand elle vous regarde comme ça.

— Tu as des idées toi ?

Elle haussa les épaules, reprit son verre.

— On pourrait retourner en Italie, dis-je.

Son regard s'illumina une seconde. Elle tourna la tête de côté, comme pour réfléchir.

— Une fois par an ? Pour une semaine ? demanda-t-elle.
— Euh, oui, enfin non.
— Oui ou *Nein* ?
— Je ne sais pas, dis-je en regardant mon galet puis le sien, immobiles sur la table.

— Tu as raison. Je n'ai pas d'idée non plus. On s'était promis de réellement profiter du temps que l'on a ensemble. Parlons-en la semaine prochaine.

Nouvelle reculade. Vendredi 27 avril 2007, dans l'avion pour Paris, je pense à mes parents. Ils ont su rester ensemble. Ils ont cette espèce de confiance obsolète qui fait que, pour eux, il n'a jamais été question d'en être autrement. Etaient-ils pour cela plus heureux ? Etait-ce vraiment comme ça ? 20h45. Catherine et Jean m'ouvrent la porte. Ils m'ont manqué. Ils ont grandis, plus que d'habitude. J'ai l'impression d'avoir pris du recul vis-à-vis de Paris, de ce que j'aime, de ce que j'aime faire. Bref, j'ai mûri au soleil de Toscane et à la bière de Munich.

Retour au Dantebad. Cette fois je m'accroche. L'air est frais. Je respire mieux. Je suis entraîné. J'ai du stress professionnel à dissoudre dans le chlore. Au bout de 45 minutes, je suis une ou deux longueur derrière Claudia. J'ai tenu le coup.

Claudia ne sort pas son galet.

— Tu m'as l'air en forme, dit-elle.
— Oui, il y a des moments comme ça dans la vie où tout semble s'aligner.

Claudia penche la tête vers la gauche en fronçant les sourcils. Etais-je sérieux, idiot ou les deux ?

— Aligné ?
— Oui.
— Donc tu as un plan maintenant, fit-elle en plissant finement les yeux.
— En tout cas une proposition.

Elle me tend son verre pour trinquer.

— Je t'écoute.
— J'ai bien aimé notre séjour en Italie. Ca nous a permis de passer beaucoup de temps ensemble et je pense, j'espère, dis-je en lui prenant la main, que ça c'est bien passé.
— Oui, moi aussi. Ca m'a plu de revoir la Toscane.

Puis elle ajouta en souriant :

— Je te dis tout de suite que vivre en Italie ça n'est pas une meilleure option que vivre à Paris.
— Non, mais de temps en temps tu ne serais pas contre. N'est-ce pas ?
— C'est ça ton idée ? Partir de temps en temps en vacances en Italie ?
— Oui, c'est ça. Que l'on se retrouve là-bas plutôt qu'à Paris ou à Munich.
— Okey. Tu passeras me prendre en hélicoptère pour que l'on ne perde pas trop de temps sur la route ?
— Je pensais plutôt à l'avion.
— D'accord, en avion.
— Dès que tu déprimes dans le brouillard de Munich, on se met d'accord et on prend l'avion pour se retrouver en Italie.
— Oui, le sfumato, c'est certainement meilleur pour le moral que le brouillard bavarois, fit-elle d'un ton ironique. Et on fait ça souvent ?
— Oui.
— Combien de fois par an ?
— Trois ou quatre ou plus, comme tu veux.
— Hm, hm. Et où ça en Italie ?
— Ca, ça reste à définir. L'idée, c'est d'acheter un appartement.

— Acheter un appartement ? C'est ça ton idée ? C'est très bourgeois.

— Oui, je te l'accorde, c'est le point faible du plan. C'est un plan semi-bourgeoisonnant.

— Semi ? C'est ultra-bourgeois ! Même Max n'aurait pas eu une idée pareille, fit-elle un brin songeuse.

— Tu as vraiment les moyens d'acheter un appartement ? Fit-elle après un moment. Ta tante américaine vient de décéder ?

Je secouais la tête négativement :

— Non, c'est autre chose. Je n'ai pas de tante américaine.

LES MURS NE VOUS APPARTIENNENT PAS

Sanjay passait de temps en temps à Paris. Un soir de juillet, nous allâmes manger des falafels dans le marais. Après un échange sur nos connaissances et projets professionnels, la conversation dériva sur mon séjour à Munich, sur ma relation avec Claudia et par conséquent sur le *projet*.

— L'idée, c'est d'acheter un appartement à plusieurs en Italie.
— Et pourquoi en Italie ?
— C'est un terrain neutre, ni français, ni allemand. C'est une terre idéalisée, riche en culture. C'est dépaysant. Le climat est agréable. C'est relativement proche. On y mange bien.
— Mais tu as ça dans le sud de la France aussi, non ?
— Ce n'est pas le même niveau. Prends comme métrique le nombre de sites culturels inscrits au patrimoine mondial de l'Unesco, donc sans

compter les sites naturels. La France en a 27, l'Allemagne 28, l'Italie 39.
— Ok, donc, il y en a un peu plus en Italie, mais tu pourrais opter pour l'Allemagne. Tu serais plus près de Claudia, ajout-il en relevant la tête.

Je grimaçais. Il se mit à tapoter sur son portable et marmonna :
— L'Angleterre en a 21, l'Inde 35, les Etats-Unis 8 et la Chine 24.[6]
— Si tu y regardes de plus près, dans le Sud de la France tu n'as qu'une poignée de sites : le Pont du Gard, le canal du Midi, le théâtre d'Orange, Avignon et les murailles de Carcassonne. L'essentiel est au nord de la Loire : les cathédrales de Chartres, Vézelay et Amiens, les quais de Paris, le château de Versailles, de Fontainebleau, Provins, l'île de Strasbourg, la place Stanislas à Nancy, etc.
— Je vois, fit Sanjay. Tu ne comptes que les sites en climat méditerranéen.
— Absolument. Et en Toscane, tu en as déjà autant qu'en France : Florence, Pise, San Gimignano, Sienne, le val d'Orcia.
— Ok, et comment tu comptes t'y prendre pour trouver des gogos intéressés par un modèle aussi compliqué que le *do-it-yourself time-sharing*, soutenu par une argumentation climato-statistique ?
— Hm, time-sharing en do-it-yourself, D.I.Y. TS. Oui, c'est exactement ça. *Do time sharing yourself,*

---

[6] En 2017, le nombre de sites culturels inscrit au patrimoine mondial de l'Unesco est de 36 pour la France, 39 pour l'Allemagne, 44 pour l'Italie, 25 pour l'Angleterre, 10 pour les Etats-Unis et 51 pour la Chine.

DTYS.

Le soir, je me mis à coucher ces idées sur papier. Il fallait que je communique le pourquoi du comment, que je donne quelque chose d'actionnable aux gens intéressés, que je commence par les détecter, ou l'inverse, qu'eux puissent me détecter. D'après Wikipedia, le terme français serait la *location en temps partagé, faite par soi-même*. Je ne suis pas sûr que ce soit très digeste.

La location en temps partagé serait née au début des années 1960. La version francophone de Wikipedia dit *dans un hôtel du Tessin*, la version anglaise revendique le terme et la version allemande ne s'attarde pas sur l'histoire. L'espagnole insiste sur le rôle de la Caribbean International Corporation, CIC, qui aurait démocratisé le concept à partir des années 1970 aux Etats-Unis, en Floride. Bref, j'inventai le fil à coupé le beurre. Je repoussais mon cahier sur la table, allais me coucher.

Le samedi suivant je repris mon cahier. Cette idée de partager une résidence secondaire en copropriété n'avait donc rien de nouveau. Pourquoi ne pas acheter les parts d'un appartement en time-sharing déjà existant. Je commençais la recherche : *multipropriété*. Premier résultat : *Qu'est que la multipropriété* sur pap.fr. Deuxième résultat : *Les pièges de la multipropriété* sur dossierfamilial.com. Je commence par PAP, le site de Particulier à Particulier :

> *Multipropriété, time share, temps partagé... Autant d'appellations qui désignent la même chose : la possibilité d'acheter pour une durée variable le droit d'utiliser un logement dans une résidence de vacances en France ou à l'étranger. Le droit de séjour varie d'une à*

deux semaines par an. Le reste du temps, d'autres personnes profitent du bien. Comme vous, ils participent aux frais d'entretien, aux charges... Mais ni eux, ni vous n'êtes propriétaires du logement. Contrairement à ce que l'on pourrait croire, la multipropriété ne consiste pas à acheter un bien immobilier à plusieurs et à se le partager. Elle permet simplement d'acquérir des parts dans une société de construction. C'est celle-ci et uniquement celle-ci (dont vous devenez associé en souscrivant votre contrat) qui possède le logement. Vous n'en avez qu'un droit d'usage pour une durée limitée (généralement 99 ans). Autrement dit, les murs ne vous appartiennent pas ![7]

Intéressant. La multipropriété n'est pas une forme de propriété. Un autre site précise : il faut parler de *jouissance à temps partagé*. Le second chapitre du dossier PAP est intitulé *des vacances autrement*, le troisième *des clients abusés*, le quatrième *les pièges à éviter*. Même dans la partie *des vacances autrement*, les avertissements sont de mise :

Ne soyez pas naïf, une semaine d'occupation du 27 décembre au 2 janvier à Méribel s'achète plus cher que huit jours en octobre quand le domaine skiable est fermé !

Passons aux clients abusés.

On ne compte plus les acquéreurs « escroqués » par des sociétés françaises ou étrangères qui leur ont fait miroiter des investissements mirobolants, dans des complexes de luxe les pieds dans l'eau.
Mensonges, baliverines. Les résidences étaient souvent bas de gamme, la rentabilité locative nulle, les charges de plus en plus élevées... Sans parler des problèmes pour

---

[7] Il s'agit de la version en ligne en 2017 avec un copyright au 25 juin 2012. La citation est anachronique, mais donne le ton.

revendre sa semaine d'occupation.

Le secteur est réglementé.

Depuis 1998, une loi définit le time share en France. Le professionnel vendeur doit : présenter à l'acheteur un contrat de vente rédigé en français, même si la résidence se trouve à l'étranger ; faire figurer dans le contrat des mentions obligatoires (l'identité et l'adresse du professionnel, le descriptif précis des équipements, le prix et les charges, etc.) ; faire bénéficier l'acquéreur d'un délai de rétractation de dix jours après la signature de l'offre ; ne réclamer aucune somme d'argent à l'acquéreur avant l'expiration du délai de rétractation ; maintenir son offre pendant sept jours ; exiger de l'acquéreur qui s'engage une lettre recommandée avec accusé de réception ; présenter un règlement précisant l'usage de l'immeuble, les modalités d'utilisation des équipements collectifs, ainsi qu'un bilan comptable de l'année précédente.

Je passe rapidement sur les pièges à éviter : avoir un délai de livraison contractuel, vérifier la qualité du bien par la visite d'une autre résidence et préférer les semaines en haute saison, plus chères, mais plus faciles à échanger. Le *dossier familial* est plus concret sur les problèmes et ce dès le sous-titre :

Échanges de périodes impossibles, charges qui grimpent, revente difficile…

Ca continue sur le même ton :

Le marché de l'occasion des résidences à temps partagé est quasiment inexistant… Les charges de la multipropriété augmentent sans justification… « En janvier 1998, j'ai souscrit un contrat concernant une période d'occupation de trois semaines annuelles pour un appartement de deux pièces situé dans la résidence Lanzarote Beach Club, aux Canaries, explique Mme C., de Verneuil-sur-Seine, dans les Yvelines. En trois ans, les charges sont passées de 228,67 euros à 381,12 euros par an et toutes les tentatives que nous avons entreprises auprès de la société pour obtenir des justifications de cette augmentation ont échoué. En désespoir de cause, nous avons finalement arrêté de payer. »

Un peu plus loin :

La directive européenne du 14 janvier 2009 relative à la protection des consommateurs a été transposée en France par la loi du 22 juillet 2009. Cette loi permet à un occupant d'aller devant la justice pour se désengager lorsqu'il a de justes motifs notamment : si les parts qu'il détient dans la multipropriété lui ont été transmises par succession depuis moins de deux ans ; ou lorsqu'il ne peut plus jouir de son bien du fait de la fermeture de la station ou de l'inaccessibilité de la résidence. [...] L'adhésion à une association de défense des utilisateurs se révèle souvent efficace. Ainsi, l'Association des propriétaires adhérents français de vacances à temps partagé a obtenu un réajustement des charges pour l'ensemble des adhérents occupant la résidence Lanzarote Beach Club, aux Canaries.

Je continue avec le site de l'Association des Propriétaires Adhérents Francophones de Vacances en Temps Partagé :

Ce site a été construit afin d'aider toutes les personnes qui ont été victimes d'escroqueries au « Timeshare », les orienter vers des moyens de défense, mais aussi pour avertir toutes celles qui ignorent encore ces pratiques scandaleuses. Pour que nos rêves de vacances ne se terminent pas en cauchemars !

Je stoppe la lecture pour me faire un thé.

Imaginons un système de vacances où vous achetez pour la vie, une période de 3 semaines dans un appartement sur la Côte d'Azur, en juillet ou août, pour 35.000 €. Vous pouvez les échanger quand vous le souhaitez contre trois semaines en hiver aux Caraïbes, ou dans n'importe quel point du globe, à n'importe quel moment de l'année. Cela vous revient moins cher que de passer par des Tour Opérateurs tels que la Fram, Nouvelles Frontières, Thomas Cook ou le Club Med. Vous n'avez plus qu'à payer chaque fois les frais de transport et de restauration. C'est idyllique, vous achetez ! C'est cela que l'on va vous proposer.

Cela continue sur la réalité :

Pour bien comprendre l'intérêt de ce négoce, prenons une calculatrice. Imaginons un appartement de 2 chambres, cuisine américaine/salon, 2 salles de bains aux Canaries. Donnons-lui un prix de vente de 100.000 €. Le propriétaire le met en vente 50 semaines avec un prix moyen de droit d'occupation de la semaine 10.000 € (prix plus ou moins élevé en fonction de la période de l'année). Quand il aura vendu ses 50 semaines, tout en gardant la propriété de son appartement, il aura encaissé 500.000 € au lieu de 100.000 € s'il avait vendu son appartement en perdant sa propriété.
Comment cela va se passer...
Dans la rue, sur votre lieu de vacances, ou ailleurs, vous risquez d'être abordé par des jeunes qui vont vous demander de gratter un billet... Méfiez-vous de cette offre alléchante, tous les billets sont gagnants ! Il s'agit d'une démarche commerciale pour vous amener dans un lieu de vacances où se trouve l'équipe de vente, sous

prétexte d'aller chercher votre cadeau.

Après la vente, ça n'est pas mal non plus :

Une fois les semaines vendues, le promoteur n'a plus de revenus, il lui reste alors encore deux grandes possibilités pour « se faire » de l'argent :
1. Établir l'obligation de payer des frais de gestion annuels. On démarre avec des charges annuelles par semaine de 350 € ce qui semble acceptable pour le propriétaire d'un droit d'utilisation d'une semaine qui l'a acheté 10.000€. Vu sur le plan de l'appartement, ce n'est pas acceptable. En effet 350 € par semaine cela fait pour 50 semaines : 17.500 € ! Qui, chez lui, en Espagne, en France, en Europe, paie annuellement un tel montant de charges, pour ce type d'appartement ?
2. Lier l'obligation du paiement des charges à la confiscation du droit d'utilisation si elles ne sont pas payées, c'est pousser le client dehors pour revendre le droit d'occupation. C'est dans l'intérêt du promoteur et du vendeur ! Pour cela beaucoup de promoteurs ont augmenté et augmentent chaque année les charges de gestion dans certains cas de 20 % à 30 %. Le client ne veut, ou ne peut plus payer, et le promoteur récupère ainsi, gratuitement, ce droit et le revend.

Et ça continue avec de multiples arnaques autour de la revente. En première page, les autres résultats de recherche sont autant de mises en garde contre les pièges de la multipropriété. Mais soyons courageux et regardons les annonces disponibles sur PAP. Réponse : *Nous n'avons pas trouvé d'annonce correspondant exactement à vos critères.* J'essaye d'autres critères, prix minimum 500 €, surface minimum 10 m2. Je donne un lieux, Italie, France. Toujours rien. Voyons ailleurs, je retourne sur Google : multipropriété Italie. Le premier résultat inspire pleinement confiance : *Les reventeurs (sic) de multipropriété en Italie*. Ca aurait pu être plus descriptif avec les rementeurs. Oups, ils argumentent comme moi avec le nombre de sites culturels de l'UNESCO, mais n'ont que des liens de chaînes d'hôtels.

Prenons la direction du boncoin.fr. Là, il y a plus de monde : 95 offres, dont 90 de particuliers. Je les classe par prix croissant. Les prix commencent à 500 euros. Sur les dix premières offres de particuliers, seule une indique le prix des charges : 550 euros pour *la semaine 10 qui suit les vacances scolaires de février* dans une résidence Pierre et Vacances à Avoriaz. Les vendeurs particuliers ne semblent pas tous être des accros de la transparence. Je continue avec les dix suivants. Les prix passent de 1.200 à 1.600 euros la semaine. Le ratio de transparence s'améliore : quatre vendeurs donnent les charges annuelles. Ma formule préférée :

> *Pas de frais de notaire ni d'agence, seuls les frais d'achat Clubhotel sont à la charge de l'acheteur (environ 560 €).*

Nous voilà bien rassuré : les conseils d'un notaire ne sont pas nécessaires pour acheter de la jouissance à temps partagé.

Le boncoin propose en bas de page un lien vers une société sœur en Italie, subito. Là, je tape *timeshare* et sélection géographique *tutta Italia* : sept résultats. Je recommence la recherche plein d'espoir avec un mot récolté sur l'une des annonces : *Multiproprietà* : sept résultats, les mêmes annonces. Etrange. Le site immobilier le plus important est casa.it. Il ne permet pas de recherche plein texte, Multiproprietà se transforme en recherche géographique dans la région de Campanie, la ville de Bagnoli Irpino et la rue Serroncelli. Via google, la recherche *site:casa.it Multiproprietà* affiche 1.390 résultats, beaucoup sont de vielles annonces, toutes de professionnels de l'immobilier. On trouve par exemple le mois de juin en Sicile pour 4.000 euros et 800 euros de charge annuelles.

Je vais sur rci.com pour identifier des résidences italiennes. Sur 142 résidences, un tiers est dans les Alpes, 18 sont à l'intérieur des terres, 12 dans la région de Venise, 21 en Sardaigne, 7 en Sicile, 3 à Rome et 38 sur les côtes ouest et est, principalement dans le Sud autour de Naples, Lecce et Foggia. Il y a des campings, des hôtels et des résidences avec piscines de toutes formes. Une marina est également listée, Sant Elena à Venise.

Est-il vraiment possible de faire mieux que la multi-jouissance ? Est-ce que cela ne va pas être plutôt pire ? Après tout, l'un des principaux inconvénients reste : il faut retourner chaque année au même endroit. De plus, au lieu de pester contre une société avide de profit, il faut pester contre des particuliers qui peuvent être de très mauvaise volonté et contre lesquels on n'est peu protégé par les directives européennes. C'est avec ces pensées en tête que, d'un saut dans le passé, je me rends à l'une de nos dernières séances de piscine avant ma séparation géographique de Claudia. Le mois de juin est avancé, l'eau du Dantebad n'est plus surchauffée.

— Objectivement, c'est une idée très stupide et c'est ce que la majorité des gens vont penser.
— Je te remercie Claudia.
— Mais personnellement, je la trouve bien ton idée. Tu commences quand ?
— Quand ?
— Ben oui, quand ?

Je restais silencieux, réfléchissant, bouillonnant dans le bassin de repos.

— Si tu veux savoir si ça marche, il te suffit d'essayer,

continua-t-elle.

Elle me plaît cette fille. Tout est simple avec elle.

CONVINTO MA DUBITATIVO

C'est comme ça que le week-end suivant, j'ai créé un blog intitulé *lappartamento*. J'ai simplement expliqué ce que j'avais trouvé en commençant l'histoire depuis le début : les vacances, c'est bien. Les vacances au même endroit, c'est sympa si année après année on y trouve quelque chose d'intéressant, de relaxant. Tant que l'on est actif, avoir une résidence secondaire est l'un des pires investissement que l'on puisse faire. Financièrement, cela signifie bloquer des ressources, payer des impôts, des taxes, des abonnements (électricité, gaz, Internet), tout ça pour une résidence occupée tout au plus quelques semaines par an. Le taux annuel d'occupation d'une telle résidence est de l'ordre de 6% (trois semaines sur cinquante-deux).

De là, le calcul de la multijouissance : n'achetez que les semaines dont vous avez besoin. Votre investissement initial et vos coûts récurrents seront moins élevés. La solution apportée par les spécialistes de la multijouissance est dénaturée par le contrat et les charges inhérentes à leur modèle commercial. De plus, contrairement à la désignation commune, le contrat ne prévoit pas la propriété du logement. Il prévoit uniquement un droit d'usage. On commence par payer la construction d'un logement dont les charges de fonctionnement sont élevées. Cette gestion commerciale implique beaucoup charges de personnel : accueil, entretien d'installations sportives : tennis, piscine, voire terrain de golf. Une telle structure est-elle adaptée pour gérer des infrastructures sportives ? Quelle est la qualité de ces infrastructures après cinq ou dix ans ? Bref, rapidement, en quelques années, les participants se retrouvent à financer des services de plus en plus vétustes, de moins en moins utilisés, pour un prix relatif de plus en plus élevé. Plutôt que de profiter d'infrastructures touristiques sans engagement, telles que des hôtels, des locations de vacances. Ils retournent sur le lieu de leur mauvaise appréciation initiale. Doublement punis, moralement et financièrement, ils doivent amortir leur *part de temps*, ruminer sans cesse leur mauvais investissement.

La réponse de la multijouissance à ce manque de flexibilité est l'échange. L'échange permet de maintenir les participants enfermés dans une bulle monopolistique. Les prix publics pour les non-participants sont artificiellement élevés. Cela protège l'apparence d'un service rendu à la hauteur du rêve initial. En réalité, ces établissements sont remplis de participants qui auraient un meilleur rapport qualité-prix dans un hôtel à proximité. Ils sont prisonniers d'un contrat qui les oblige à tout abandonner ou à payer des charges annuelles à vie. Bref, par souci de clarté, je ne les désignerai pas comme des multipropriétaires, mais comme des *multichargés*.

Une alternative à la multicharge est la monocharge. Dans ce système, baptisé « propriété financière avec séjours » par le groupe Pierre et Vacances, *l'acquéreur n'a pas à se soucier de trouver des locataires ni de gérer ou d'entretenir son bien*[8]. Néanmoins, il doit le financer entièrement et accepter certaines entraves à la libre disposition du bien : en clair, le gestionnaire est imposé.

Pour éviter toute confusion, pour le modèle alternatif que je propose d'expérimenter, il faut que j'utilise des

---

[8] Le Particulier n° 979, Juillet-Août 2004, Résidences de vacances : attention à ce que vous achetez.

termes nouveaux, clairs, descriptifs. Je ne parlerai pas de *multipropriétaire* ou de *vrai multipropriétaire*. Le passif de la multipropriété a rendu le mot radioactif. C'est un déchet que l'on ne peut plus décontaminer. Je pourrai parler de copropriétaires, mais le terme n'est pas assez spécifique. Il renvoie aux monopropriétaires d'appartement habitant dans un même immeuble. C'est pourquoi, je parlerai de résidence secondaire participative.

Voilà pour l'introduction. Maintenant, il va falloir être plus concret sur la proposition et sur la méthode. Je continue en structurant l'article sous la forme d'un dialogue entre Convinto et Dubitativo. Convinto, convaincu, commence.

— Le calcul est simple. Que se passe t'il si pour le budget d'un projet de *multijouissance,* disons 20.000 euros, je pouvais réellement posséder une part d'appartement ? Je pense à un appartement en ville dans un lieu propice au tourisme, mais aussi habité par une population active, non touristique. Je pense à un appartement qui correspond au besoin d'une famille de quatre personnes. La dépréciation au bout de quelques années serait moindre. Les services disponibles seraient ceux d'une ville avec cinéma, cafés, magasin, marché, une offre culturelle, peut-être un théâtre, plusieurs terrains de tennis. La valeur intrinsèque d'un tel appartement resterait stable, voire pourrait augmenter. En l'achetant à six, sept ou huit, chacun peut avoir une semaine en été et jusqu'à cinq ou sept autres semaines le reste de l'année.

— Dubitativo (D) : Les vacances en ville, ça n'est pas la tasse de thé de tout le monde.

— J'approuve, de même que les vacances à la plage ne sont pas la mienne non plus. Chacun son truc,

mais la ville et la plage ne s'excluent pas.
— D : Copropriété sur un appartement, cela signifie qu'il est complexe de se mettre d'accord sur la revente ou inversement que n'importe lequel des copropriétaires peut décider à tout moment de forcer la vente.
— J'y consens, mais ce sera soit l'un, soit l'autre ou encore quelque chose entre les deux. Dans tous les cas, il possible de définir les règles du jeu entre copropriétaires à l'avance. Cela se fait dans le cadre d'une convention. De cette façon, il est possible de fixer un cadre favorable au projet pour un horizon décidé à l'avance, par exemple de cinq ans. Au bout de cinq ans l'appartement est mis en vente sauf si l'ensemble des copropriétaires s'y oppose. De cette façon, l'horizon d'investissement est fixé. Les copropriétaires sont bloqués sur une période connue à l'avance.
— D : Vient ensuite la question des frais.
— Pour un appartement, les charges sont relativement prévisibles : charges de copropriété, impôts, abonnements et consommation électrique, Internet. Cela divisé par le nombre de copropriétaires reste raisonnable. Il y a peu d'espaces verts, pas de professeur de tennis, pas de surveillant de baignade, de réceptionniste ou d'actionnaire à rémunérer.
— D : Oui, mais alors qui fait le boulot ? Il faut quand même gérer les arrivées, réparer les fuites, remplacer les ampoules, assister aux réunions de copropriété de l'immeuble.
— C'est exact. un concierge et une société de nettoyage ou une femme de ménage pourrait faire

partie du service.

— D : Le service est nul : pas de draps, pas de nettoyage. Ne vaut-il pas mieux aller à l'hôtel ou en résidence Maeva ou Pierre et Vacances comme hôte simple *non-multichargé* ?

— Pour ce service sans doute, mais cela n'est pas comparable à un investissement ou à une résidence secondaire.

— D : Même si tout cela est très bien, il est quasi impossible de mettre d'accord six ou sept participants pour partager une résidence de vacances. Comment les trouver, comment les faire « passer à l'acte » ?

— Il est vrai que ce type de projet n'est pas encore courant, mais je pense qu'il y a de nombreuses familles et individus qui seraient prêts à tenter l'aventure. Ca, la multijouissance l'a prouvé.

— D : La *multijouissance*, comme tu dis, offre un cadre commercial et juridique. Comment tes copropriétaires peuvent-ils faire une offre d'achat commune ? Il faut qu'il y en ait un qui s'engage pour tout le groupe. Je n'aimerai pas être le pigeon qui va prendre les engagements, avancer l'argent et ensuite essayer de récupérer des contributions individuelles.

— Une difficulté est effectivement de coordonner tout le monde jusqu'à l'acte de vente. Mais en gros, j'imagine que le processus devrait être une version simplifiée d'un projet d'habitat participatif.

— D : Habitat participatif ? Voilà, encore un autre OVNI…

— L'habitat participatif, c'est une démarche dans laquelle un groupe construit une maison ou restaure un logement en réunissant ses moyens et ses compétences.

— D : Ah, tu veux dire l'autopromotion ?

— Oui, tu peux l'appeler comme ça aussi. La version est simplifiée pour la résidence secondaire participative parce que tu achètes quelque chose qui existe déjà et parce que le groupe ne vit pas ensemble. Tu as moins de choses à définir. La démarche peut être similaire et simplifiée, elle a trait à la définition du profil du logement à chercher et à la façon dont il sera géré. Cette partie peut être définie dans une chartre, comme pour l'autopromotion. Les engagements respectifs et en particulier les engagement financiers avant l'achat peuvent être définis dans un acte sous seing privé.

— D : Hm. Si tu le dis. Et ce serait où ce projet ?

— En Italie.

Je prends un stylo, je griffonne. Je le repose. Le dialogue montre que beaucoup de points restent à clarifier.

Dubitativo a raison d'être sceptique. Réalistement, les chances de parvenir à un achat groupé sont faibles. Je n'ai aucune méthode pour y parvenir. Les participants doivent sortir une somme de plusieurs milliers, voire plusieurs dizaines de milliers d'euros. Ils doivent s'entendre sur un même bien qui aura nécessairement des défauts. Ils doivent venir le voir. Ils doivent accepter de prendre de nombreuses décisions en groupe… Et si l'achat aboutit, rien ne garantit qu'il sera plus satisfaisant qu'un achat en *multijouissance*. Mais bon, pour savoir, pour progresser, il faut accepter l'échec. Il suffit que je conçoive ce projet comme un prototype, une expérience, comme le test d'un nouveau modèle qui a droit à des ratés.

Sur cette dernière réflexion, j'ai appuyé sur le bouton « Publier » avant d'aller me coucher.

@MARIO78

Le premier commentaire fut de JCgag91.

> *@Mario78 : C'est pas mal ton idée. Un peu naïf, mais après tout on a besoin d'utopie dans la grisaille de Paris. Pourquoi l'Italie, l'étranger ? C'est compliqué. Ca m'intéresserait plus d'avoir un pied à terre en Normandie, à La Baule, Marseille, Nice ou Montpellier. Au moins, on peut y aller en TGV.*
> *Salut JCgag91. Tu as sans doute raison. Ce serait plus simple de commencer en France. L'Italie, c'est un choix personnel. Je suis allé en Toscane récemment et ça m'a beaucoup plu : le climat, la nourriture, les villes (Pise, Sienne, Florence), l'art, la culture. Je trouve que ça dépayse plus.*
> *@Mario78 : Oui, je te comprends pour l'Italie. Mes parent viennent de Pescara. Je ne vais pas aller ailleurs si je vais en Italie. En plus, honnêtement la Toscane, c'est hyper cher. Le sud de l'Italie, ce serait mieux. Ou le Sud de la France, ce serait plus près. Quoiqu'il en soit, tu devrais créer un site et faire connaître ton projet.*

« Créer un site et faire connaître mon projet ». Je pouvais prendre ça pour un encouragement. Jean-Christophe a accepter de participer à une soirée de *brain storming* dans un café du quartier latin. L'idée était simple, faire un site Internet avec une URL facile à retenir. En faire la promotion sur PAP et leboncoin. La méthodologie s'affinait. Les bonnes pratiques de l'autopromotion, étudiées à la va-vite, ont fait ressortir deux ingrédients clés : le collectif et le terrain. Le collectif, c'est un groupe d'individus qui se cristallise autour de valeurs communes. Evidement, un projet de résidence secondaire n'est pas aussi engageant que celui de la construction d'un immeuble, mais, malgré tout, il est utile de se demander si l'on veut la même chose et quelles sont les objectifs et les priorités du groupe. Certains créent une charte qui facilite les décisions futures et permettent de rester concentré sur l'objectif initial. D'après Bruno Parasote, les groupes qui réussissent ont souvent passé au départ beaucoup de temps en rendez-vous avec des élus et leurs services. Ils ont aussi réalisé un ensemble de documents de synthèse qui résument leur projet[9]. J'ai remplacé les élus par la découverte de l'environnement et le document de synthèse est adapté aux besoins d'une résidence secondaire.

L'autre élément clé de l'autopromotion est le terrain. Transcrit à la résidence secondaire participative, cela signifie le bien. Un point clé est la levée des fonds. Ca risque d'être sportif le moment venu pour la réaliser dans les délais.

Du point de vue du montage juridique, c'est simple. Tout le monde passe devant le notaire italien au moment de l'achat. En tout cas, c'est mon plan. Faire acheter un bien en Italie par une société civile immobilière française me semble trop compliqué d'un point de vue juridique et fiscal. Une association n'apporterait pas la répartition des parts de propriété souhaitée. Une association pour organiser la gestion après achat me semble possible, mais peut-être surdimensionnée et difficile à gérer en droit transfrontalier ou italien. L'absence de but lucratif serait adaptée. Les prises de décision pourraient être organisées, la gestion de la structure resterait légère.

---

[9] Bruno Parasote, *Autopromotion, habitat groupé, écologie et liens sociaux. Comment construire collectivement un immeuble en ville*, Editions Yves Michel, 2011, page 108.

Malheureusement, l'association européenne n'existe pas encore. Cela aurait pu faciliter la tâche (snif).

TRANSPOSITION

Dernière semaine. Nous ne parlions plus de mon départ de Munich que par de longs silences sans soupirs. Claudia vint me voir mercredi, jeudi et vendredi. Samedi matin, je partis ramener ma vie à Guyancourt. Je me sentais étrangement étrange, étranger, mais pas étranglé. La page était tournée. J'écoutais la radio sur l'autoroute avec une sorte de mélancolie douce-amère, mais aussi avec une certaine gratitude envers la vie.

J'avais pris peu d'affaires à Munich. Ma réinsertion dans l'appartement de Guyancourt fut rapide. Dimanche après-midi, je me fis un thé et repris les investigations. Je calquais les phases essentielles de l'*auto-multipropriétarisme*[10] sur la création d'un groupe d'autopromotion décrites par Bruno Parasote.

Premièrement, il faut constituer un petit groupe de personnes animées par des motivations compatibles pour créer une dynamique. Deuxièmement, il s'agit de rendre le groupe identifiable par un nom de projet et un dossier de communication. Troisièmement, le groupe doit organiser sa communication selon un mode participatif : donner la parole à chacun tout en faisant avancer le projet. Cela passe par la priorisation des valeurs communes, l'élaboration d'outils pour déterminer les attentes concrètes de chacun, les budgets, les localisations possibles, mettre en place des moyens de communication (groupe de discussion en ligne ou autre). Vient enfin la structuration juridique du projet. Comme dit, ici je pense qu'il est possible de démarrer

---

[10] Ce mot est imprononçable, gardons sur la résidence secondaire participative (RSP).

avec une association *de fait* peut-être à convertir en association *déclarée* une fois proche de la signature. Une association permet de préparer la phase après achat en évitant de repousser à plus tard les décisions relatives au fonctionnement post-achat. Il serait alors trop tard pour faire marche arrière.

Sur la base de cette réflexion, j'avais mis en place trois coquilles de groupes sur le site www.reallyowned.com. Les critères ? Il fallait pouvoir atteindre le lieu de vacances en voiture et en avion. Le trajet en voiture devait être inférieur à quatre heures à compter de Vintimille ou de Como. L'aéroport devait accueillir Rayanair ou Easyjet, si possible les deux. A cela, j'ajoutais la proximité de la mer. Il ne restait donc plus que Gêne, Venise et Pise.

Pour chacune de ces villes, j'ai défini une fourchette budgétaire pour un appartement de trois pièces en utilisant les annonces de sites immobiliers. J'informe de l'espoir de faire des premières visites dès mi-août ou début septembre, tout en insistant sur le fait que le timing dépendra de la décision des groupes autogérés. La phase de création des noyaux de groupe devait courir dès début juillet. Je mis le site en ligne le premier juillet vers 17h00 et l'annonce dans leboncoin et PAP le même jour.

Dans les semaines qui suivent, le forum gagne des utilisateurs. Les premières questions arrivent. Souvent les même que celles de JCgag91. Pourquoi l'Italie et pas la Normandie ? Pourquoi un appartement et pas une maison ? Pourquoi une association et pas une société ? Pourquoi en août et pas en juillet ? Puis vinrent les utilisateurs défaitistes : ça ne peut pas marcher ! Mais comment voulez-vous mettre tout le monde d'accord ? Ca on a déjà essayé dans les années 1930, 1960, 70, 80 :

ce fut à chaque fois abandonné. Ou plus méfiants : ça sent le trotskisme internationaliste à plein nez. Ou encore affirmatif : Vous êtes TOUS DES GOGOS QUI ALLEZ VOUS FAIRE BIEN PLUMER PAR UN CONNARD QUI VEND DU VENT.

Le samedi 14 juillet, je pris les enfants pour un après midi à Beaubourg. Nous devions rencontrer vers 17h00 les principaux protagonistes parisiens intéressés par Venise. Ils furent au rendez-vous : MaBret, Aline39 et son mari, ainsi qu'un jeune couple MargDaulme et Janis77. D'autres, habitant en province ou n'étant pas disponibles, s'étaient excusés. J'ai fait une petite introduction, me présentant, rappelant le contexte de l'expérience de la RSP[11], ses objectifs et les principales phases, incitant le groupe a trouvé sa propre dynamique.

Aline, la cinquantaine, une coupe au carré et des lunettes métalliques, avait animé le forum. Elle poussait les autres à l'action, ponctuait ses phrases de petits mouvements énergiques de la tête. Son mari, Jean-Luc, est professeur d'histoire-géographie en lycée. Il semblait récupérer d'une dure semaine de labeur. De temps à autre, son regard vide demandait aux autres pourquoi il était ici. Puis, il voyait sa femme et soupirait silencieusement. MaBret, alias Marc Breton, restait silencieux, observateur. Il consultait sa montre, lançant à Aline des regards agacés chaque fois qu'elle démarrait une nouvelle tirade. Il semblait attendre un long silence, un signal que son temps de parole commençait. Il me regardait de temps à autre pour que j'intervienne, interrompe Aline, rétablisse l'équilibre. Le jeune couple, lui, approuvait de la tête en se tenant la main. Jean se débattait contre le sommeil appuyé sur mon bras gauche. Catherine regardait par la fenêtre les toits de

---

[11] Résidence secondaire participative.

Paris. Je faisais passer mes regards d'Aline à Marc, pour leur faire comprendre qu'ils devaient communiquer. Finalement, Aline comprit. Elle fit une pause un peu plus longue que Marc peina à interpréter.

— Marc vous voulez dire quelque chose, insista Aline le voyant toujours hésitant.
— Oui, je voulais simplement dire que, que je suis d'accord sur le principe, lança-t-il.

Marc fit une pause, comme pour récupérer. Il respira profondément, rassembla ses pensées. Il manquait quelque chose. Marc allait continuerrr.

— Merci Marc, reprit Aline.

Puis se tournant vers le jeune couple, elle leur demanda si eux aussi étaient d'accord. Margot et Janis se regardèrent.

— Oui, je pense que l'on peut avancer comme ça, dit Janis.

Margot confirma d'un hochement de tête.

— Et vous, Mario, vous êtes avec nous ?

Je m'entendis dire « oui, bien sûr ». Après tout, il fallait bien que je les suive pour savoir ce qui allait se passer.

— Dans ce cas, le mieux serait que nous fixions tout de suite une date pour aller sur place. Cela entraînera les indécis.

VENISE

La coquille avait désormais un noyau, Aline. Autour de lui gravitaient Jean-Paul, Marc, Margot, Janis et moi. Comme Aline l'avait prévu, d'autres *indécis* suivaient. Beaucoup de couples s'intéressaient à Venise. Ce furent une douzaine de personnes qui décidèrent d'être du voyage. La date était fixée au 23 août, un jeudi.

> *Chers tous, En août, nous n'avons aucune chance de trouver un hôtel à un prix raisonnable dans le centre. L'hôtel proposé est dans notre zone de recherche. Faites votre possible pour arriver au plus tard jeudi soir. Margot, Janis, je sais que cela n'est pas possible pour vous. Pour les autres, nous commencerons les visites vendredi matin à 10h00. Jean-Luc enverra des détails séparément. Ciao a tutti, Aline*

Janis et Margot avaient prévu d'arriver vendredi soir. Philippe et Christine, les derniers à rejoindre le groupe, faisaient le voyage en voiture depuis Besançon avec leurs deux enfants. Ils s'étaient installés dès mardi au camping de Mestre. J'avais pris le même avion que Marc depuis Orly le jeudi après-midi. Aline et Jean-Luc étaient arrivés la veille avec un couple d'amis, Jacques et Anne-Marie. Claudia, elle, avait refusé de venir : « Tu es fou ? Tu veux nous porter la poisse ? Venise, c'est trop kitch et, en août, c'est bondé. » Sur le moment, j'étais quand même un peu déçu de son refus et de ne pas la voir. J'appris par la suite qu'elle et Max avait failli se séparer une première fois lors d'un week-end à Venise.

Philippe, Christine et leur deux enfants nous rejoignirent vers 19h30 à la pizzeria au pied de l'hôtel. Après quelques présentations, Aline me demanda de refaire une introduction.

— Merci Aline. C'est la première fois qu'un groupe se rencontre pour faire une recherche. J'en suis très heureux. Ce que je propose, c'est simplement que l'on fasse un tour de table, que chacun dise quelques mots sur lui et sur ses attentes. Ensuite, Jean-Luc ou Aline, vous pourriez nous présenter le programme de visite.

Je fis une pause pour obtenir l'approbation de tous.

— Merci Mario, je suis tout à fait d'accord, enchaîna Aline d'un débit rapide.

Je la regardais un peu interloqué par le changement de rythme. Les autres approuvaient de la tête.

— Si vous permettez, je vais commencer par nous présenter, dit-elle, faisant un cercle de la main devant Jean-Luc, Anne-Marie, Jacques et elle.

Jean-Luc gronda Aline du regard. Elle se reprit.

— Non ça n'est pas poli de ma part, excusez-moi, commençons, euh, commençons par, euh, par vous Marc.
— Marc Breton. Je vis à Antony. Je suis fonctionnaire. J'attends du séjour de voir Venise et d'avancer sur le sujet.
— Très bien. Merci Marc ! félicita Aline.

Jean-Luc approuvait d'un regard bienveillant. Jacques hocha de la tête, le visage un peu fermé. Anne-Marie réfugia sa main dans la sienne.

— Bien. Continuons dans le sens des aiguilles d'une montre. Comme chacun sait, je suis Aline. Jean-Luc est mon mari. Nous sommes enseignants et vivions à Montlhéry, dans l'Essonne. Jean-Luc est professeur d'histoire-géographie et moi de sciences physiques. Jean-Luc est passionné par la Sérénissime. Le projet nous a tout de suite intéressé. Nous souhaitons passer aux choses concrètes. Cela demande des efforts de chacun et des engagements. Mais je suis sure que l'on va y arriver. Jacques et Anne-Marie sont nos amis de longue date.

Aline se tourna alors vers Anne-Marie.

— Depuis quand nous connaissons-nous ?

— Oh, depuis que tu as eu ton premier poste en région parisienne. On ne va pas dire la date, cela trahirait notre âge.

— Bien Philippe, j'ai assez parlé. A vous.

Philippe était assis à côté de Jacques. Il chercha le regard de sa femme qui, elle-même, discutait le menu enfant penchée vers sa fille.

— Vous ne voulez pas vous présenter vous-même Jacques ? répondit Philippe surpris.

— Oui, excusez-nous, toussa Jacques comme s'il se réveillait soudain. Jacques Marlun. Nous nous reposons beaucoup sur Aline. Elle a tellement d'énergie. Nous avons travaillé dans le même lycée qu'elle et Jean-Luc. Nous nous connaissons depuis 30 ans. Anne-Marie et moi vivons dans l'Essonne, à Brétigny-sur-Orge. Je dirai que nous sommes là plutôt en observateurs. Nous savons que Venise est une passion de Jean-Luc et nous sommes très heureux de découvrir la ville avec lui.

— Oui absolument, compléta Anne-Marie. C'est important dans la vie les passions. Nous voulons aider Aline et Jean-Luc à poursuivre leurs rêves. Et les vacances sont agréables avec eux. Nous nous comprenons presque sans parler.

— Oui, depuis toujours, confirma Jacques.

Aline fit à Jacques un large sourire. Philippe écarquilla les yeux et remit en place ses lunettes. Il semblait se demander quelle maladie cette thérapie de groupe était sensée traiter.

— Merck, Philippe. J'ai 37 ans. Je suis ingénieur qualité dans une société de services d'ingénierie. Je vis avec ma famille à Besançon. Nous aimons passer nos vacances en Italie. L'idée d'avoir un pied à terre au soleil nous titille depuis quelques temps, mais le budget est important. C'est pourquoi, je souhaite voir s'il existe une solution alternative. Je pense qu'avec les bonnes personnes, ça peut marcher.

Marc étouffa une sorte de pouffement nerveux.

— Je m'appelle Christine Merck. Je suis la femme de Philippe. Nos enfants s'appellent Marion et Kevin. Marion tu veux te présenter ?

Marion fit un large sourire en faisant non de la tête. Kevin regarda sa sœur gravement, puis, ne jugeant pas nécessaire de faire plus qu'elle, recommença à colorier le cahier que lui avait donné la serveuse.

— Ils ont six et quatre ans, reprit Christine. Je suis intéressée d'entendre ce que Jean-Luc a à dire de Venise. Nous avons fait un tour de la ville en bateau cet après-midi. C'est merveilleux, mais bondé de touristes. Je n'avais jamais vu une foule pareille.
— Oui, c'est comme ça en été, approuva Jean-Luc. Mais le reste de l'année, si on évite les heures de pointes, c'est beaucoup mieux. C'est ce qui rend Venise intéressante pour notre projet multi-résidentiel participatif. Il y a des choses à voir en toute saison.

Le terme utilisé par Jean-Luc ricochait dans ma tête: *multi-résidentiel participatif, multi-résidentiel participatif.* Marc se tourna vers Jean-Luc, cherchant à éviter le regard d'Aline.

— Je voulais vous demander, Jean-Luc, pourquoi avoir centré les recherches sur Mestre. C'est ce que j'ai vu dans l'e-mail d'Aline. Dans le forum, on parlait de plusieurs budgets et de différentes surfaces.

Aline expira profondément, se redressa sur sa chaise et répondit pour Jean-Luc.

— Oui, ça a été un long débat. Mestre était dès le départ dans la zone de recherche et nous souhaitions un minimum de surface. Vous comprenez Marc. Il faut que l'on puisse venir à au moins deux couples, dit-elle en montrant Jacques et Anne-Marie. Il faut qu'une famille avec deux enfants puisse s'installer confortablement, continua-t-elle en montrant Philippe et Christine. Vous ne voulez pas que la petite Marion soit dans une chambre sans fenêtre au fond d'une cour sombre, non ?

— Euh, oui, bien sûr, que non. Mais qui en a parlé ? Je n'ai pas vu de débat sur le forum.

— Nous avons pesé le pour et le contre et nous avons tranché, dit Aline en regardant Jean-Luc. N'est-ce pas mon chéri ?

— Oui, c'est pourquoi nous avons réduit les recherches au centre et aux abords de Mestre. Vous avez des liaisons directes en bus vers Venise. En 30 minutes, vous êtes au pied des Vaporetto.

— Des Vaporettos ?

— Oui, les bateaux-bus, compléta Jean-Luc.

— Ah, d'accord, fit Marc, tristement.

Je hochais de la tête, essayant de rester positif, mais quelque chose grippait dans ce groupe.

Le lendemain matin, la famille Merck nous rejoint vers 9h30 devant l'agence du *Centro*. Giovanni, l'agent immobilier, était âgé d'une cinquantaine d'année. Il avait le crâne rasé, portait une veste et des chaussures en cuir marron, ainsi que trois dossiers sous le bras. Il eut du mal à retenir un sourire sarcastique en voyant notre groupe.

— *Grande, grande familglia*, murmura-t-il en direction de Jean-Luc.

— Oui, très grande *familglia*, répondit Jean-Luc. Ils ne sont d'ailleurs pas tous là. Enfin, on ne sait pas.

Giovanni nous fit signe de le suivre. Le premier appartement était en face de l'agence dans un immeuble de cinq étages avec ascenseur. Aline et Jean Luc s'engouffrèrent avec Giovanni dans la cabine. Anne-Marie et Jacques firent de même. Je pris l'escalier suivi de Philippe et Marc pendant que Christine et les enfants attendaient le retour de l'ascenseur.

L'appartement était au deuxième. Il donnait sur la rue et sur une cour intérieure. La décoration datait des années soixante-dix. La salle de bain était carrelée du sol au plafond d'un marron intégral. Giovanni nous invitait à la trouver *caleureuse*. La cuisine était vide, repeinte en blanc. Les radiateurs était d'origine et le chauffage au gaz avait été refait une dizaine d'années plus tôt. Le tout faisait 90 m2 et était proposé pour 135.000 euros.

— C'est très central avec toutes commodités, commenta Giovanni. Secteur très demandé à Mestre.

L'appartement suivant était à un quart d'heure à pied vers l'est dans une zone d'immeuble des années soixante-dix, le *Corso del Popolo*. Situé au troisième étage d'un immeuble de dix niveaux, il ressemblait beaucoup au précédent, mais la salle de bain était bleue et la surface plus importante.

— C'est 100 m2 pour 125.000 euros. C'est très central, répéta Giovanni. Secteur très demandé à

Mestre. Bus pour Venise au pied de l'immeuble avec toutes commodités.

Christine indiqua à Philippe qu'elle allait faire un tour à l'aire de jeux avec les enfants. Marc demanda s'il y avait des appartements de petites surfaces à Mestre.

— Bien sûr, le prochain est plus petit. Il est deux étages plus haut et fait 80 m2, répondit Giovanni.
— Et vous auriez des surfaces encore plus petites, du genre 40 ou 50 m2 ? insista Marc.
— Bien sûr, si vous voulez je peux vous montrer de plus petites surfaces. Mais il faut vous mettre d'accord avec votre cousin. Gianluca m'a dit 70 à 90 m2 et jusqu'à 125.000 euros.
— Oui, c'est exact, fit Jean-Luc. C'est ce que nous avons défini pour le groupe.
— Nous ? releva Marc.
— Oui, avec Anne-Marie et Jacques, ajouta Aline.
— Et un peu Mario, ajouta Jean-Luc à voix basse.

L'appartement deux étages au-dessus avait la même exposition et semblait plus lumineux. La salle de bain était tout en longueur, claire avec une fenêtre. L'appartement était entièrement repeint en blanc. Il semblait spacieux, bien qu'ayant une pièce de moins.

— 70 m2 pour 95.000 euros, fit Giovanni. Mais pour une grande famille comme vous, je pense qu'il aurait de bonnes chances que cela passe avec une offre légèrement inférieure.

Christine inspecta les chambres avec les enfants et fit des petits hochements de tête en direction de Philippe. Marc jouait avec les interrupteurs comme pour vérifier qu'ils cliquaient tous correctement. L'électricité était coupée. Jacques prenait des photos et Aline regardait par-dessus l'épaule de Jean-Luc. Jean-Luc, lui, inspectait la chaudière à gaz. Plus personne ne parlait. Giovanni regardait sa montre souvent et finit par dire :

— Excusez, je dois être à l'agence avant midi. Il y a d'autres visites dans l'après-midi. Si vous n'y voyez pas d'inconvénient, nous partons dans cinq minutes.

Jean-Luc releva la tête. Jacques pris la chaudière en photo.

— C'est dans la boite, fit Jacques satisfait.

L'après-midi fut rempli de nouvelles visites, un peu plus à l'extérieur de Mestre, toujours dans les critères définis par Aline et Jean-Luc. Nous vîmes un deux pièces au rez-de-chaussée de 70 m2 pour 75.000 euros à un kilomètre du centre, un trois pièces cuisine de 88 m2 au quatrième étage et à deux kilomètres du centre pour 69.000 euros. Plus quelques autres dans une rue passante menant au centre de Mestre, la viale San Marco. Vers 18h00, de retour à la pizzeria, le groupe est au repos. Je relance la discussion.

— Jean-Luc, j'ai bien aimé comme vous avez expliqué à Giovanni que notre groupe était une grande famille, fis-je. Nous sommes à mi-parcours des visites. Je pense que c'est le moment de faire un tour de table des impressions. Aline, voulez-vous commencer ?

— Personnellement, j'ai préféré le deuxième appartement de l'après-midi dans la viale San Marco. Celui avec la cuisine orange. C'est très lumineux, orienté vers le sud. La salle de bain est utilisable. Avec 90 m2, il y a de la place et il est dans notre budget.

— Comme toujours, je suis d'accord avec ma femme, acquiesça Jean-Luc. La rue Saint Marc avec la

boulangerie et le petit magasin à proximité et la piste cyclable, ça me va. 120.000 euros, ça me paraît raisonnable.
— Marc ? Continuais-je.
— Beuh. Pouh. Je ne sais pas trop. Je trouve ça loin de la gare. J'ai préféré le dernier appartement de la matinée. C'est plus petit, mais honnêtement 70 m2, c'est déjà énorme. C'est plus grand que mon appartement à Antony et le budget est réduit. Comme l'a dit l'agent immobilier c'est « très central et recherché. »
— Je vous ferai remarque que Giovanni a dit ça de tous les appartements, reprit Aline.
— Oui, mais pour celui-là c'était vrai. Il y a un bus direct pour Venise, la gare est à 500 mètres et il y a un hypermarché et un supermarché à proximité, plus de nombreux restaurants. Vous m'excuserez, mais de ce point de vue, c'est plus central que la rue Saint Marc.
— Oui, bien sûr, ne vous énervez pas Marc. Je voulais juste faire remarquer que Giovanni disait la même chose de tous les appartements.
— Christine ?
— Je préfère comme Marc le deux pièces du *Corso del Popolo*. Je le trouve certes petit pour nous quatre, mais plus grand que notre caravane et, étant au cinquième étage, il est aussi lumineux que celui de la rue San Marco. En plus l'orientation est-ouest me semble préférable à une orientation plein sud.
— Philippe ?
— Pareil, je vote pour le peuple, *Corso del Popolo*.
— Pouvez-vous nous en dire plus sur ce qui vous a plu ou déplu sur cet appartement ou sur les

autres que nous avons visités ?
— Ce qui m'a plu ? Euh. Il y a une aire de jeu au pied de l'immeuble, le bus direct pour Venise et pour l'aéroport, l'hypermarché est à cinq minutes, la place de parking est comprise.
— Et le MacDo, papa, souffla Marion attentive à ce que chacun disait.
— Et le MacDonald's, confirma Philippe.
— Entendu. Et vous Jacques, comment voyez-vous les choses ?
— Je vois que nous ne sommes pas tous du même avis. Pour moi, les deux appartements sont pas mal avec chacun leurs avantages et leurs inconvénients. Je m'abstiens pour ainsi dire. On peut s'abstenir n'est pas ?
— Oui, bien sûr, confirmais-je. C'est le groupe qui décide. Anne-Marie ?
— Je, je ne sais pas, dit-elle en regardant son mari et ses amis et visiblement peu à l'aise qu'on lui demande son avis.

Tous la regarde.

— Je ne sais pas. Ca coûte combien tous ces appartements ?
— C'est une bonne question, fit Aline. Vous pourriez nous rappeler comment calculer les coûts, Mario ?
— Oui, bien sûr. Avant cela, Anne-Marie, voulez-vous nous dire celui qui vous a le plus plu ou déplu aujourd'hui ?
— Je ne sais pas, j'ai du mal à comprendre combien ça coûte et si c'est une bonne idée pour nous. C'est si loin de Brétigny, fit-elle en se passant la main sur le front.

Un silence gêné s'installa. Kevin le rompit.

— MacDo ! MacDo ! MacDo ! cria-t-il.
— Ok, dis-je. On va prendre l'exemple du deux-pièces de Corso del Popolo pour le budget.

Marc et Christine approuvèrent immédiatement. Aline ne réprouva pas.

— La première étape et de payer le dépôt préalable qui, en Italie, correspond à 10% du prix d'achat. Si l'on compte que nous sommes six avec Janis et Margot qui nous rejoignent demain.
— Six ? Attendez Mario, me reprit Aline. Nous et les Marlun ne comptons que pour un.
— Vous ne comptez que pour un ? répétais-je.
— Oui, nous comptons pour un, pour le calcul, confirma Jean-Luc.
— Euh, d'accord vous souhaitez faire votre propre sous-groupe en quelque sorte ?
— Oui, c'est ça, approuva Jacques.

Marc, Philippe et Christine se regardèrent pendant que Jean-Luc, Aline et Anne-Marie approuvaient de la tête.

— Bien donc, si les autres sont d'accord, admettons que nous sommes cinq *sous-groupes*. Vous et les Marlun, la famille Merck, Marc, Janis et Margot et moi. L'agent immobilier pense qu'une offre à disons 90.000 euros pourrait passer. A cela, il faut ajouter divers frais dits de notaires qui devraient être de l'ordre de 10% du prix d'achat pour une résidence secondaire. Ensuite, il nous faut rénover un peu. Disons un peu de peinture que nous pouvons éventuellement envisager de faire nous-même et une cuisine, soit 10.000 euros en prenant

une cuisine relativement simple. La salle de bain est vétuste mais propre, admettons que nous la laissons telle qu'elle.
— Pour la cuisine, j'en ai parlé avec Anne-Marie. Nous avons une idée de déco, commença Aline avant de s'interrompre… Nous pourrons en parler plus tard.
— Cela fait 109.000 euros, compta Jean-Luc.
— Exactement. On pourrait ajouter la première année de charges et d'impôt et arrondir pour avoir un peu de trésorerie. Disons 3.000 euros pour simplifier, soit 112.000 euros.

Anne-Marie s'enfonçait dans sa chaise.

— Cela fait 22.400 euros par part, compta Jean-Luc.
— C'est beaucoup gémit Anne-Marie.
— 11.200 euros pour nous, souffla Jean-Luc.
— Et les charges annuelles ? demanda Jacques.
— 166 euros par mois chauffage compris, continuais-je. Disons 170 euros par 12. Cela fait 2.040. A cela s'ajoute des impôts fonciers, les IUC, Imposta Municipale Unica. Je ne les ai pas tous en tête, mais disons que pour une résidence secondaire, ils font jusqu'à 2% de la valeur d'achat initiale, soit 1.800 euros. Pour l'abonnement Internet, comptons 30 euros par mois, soit 360 euros par.
— Cela fait 4.200 euros par an, compta Jean-Luc. Soit 840 euros par part et par an. 420 pour nous, compéta-t-il à voix plus basse.
— A cinq ça fait combien de semaines par an ? demanda Marc.
— 10,4 répondit Jean-Luc.
— Disons dix, dis-je. Il faut compter deux semaines

communes par an pour rénovations ou autres activités de groupe. On pourra en parler plus tard.
— Dix semaines, c'est beaucoup, fit Christine. Ca fait deux mois et demi par an. Philippe, nous n'avons pas tant de vacances.
— C'est une base de calcul. Je suis d'accord avec vous que pour un actif, c'est plus qu'il ne peut prendre en congés. Mais rien ne nous empêche d'avoir plus de *sous-groupes* ou de louer à certaines périodes.
— A six parts, ça nous ferait un peu plus de huit semaines par sous-groupe pour un prix d'achat de 18.600 euros et 700 euros par an, détailla Jean-Luc. A huit parts, ça ferait 13.625 euros la part et 525 euros pour six semaines.
— Huit parts, c'est bien, approuva Christine en regardant son mari.
— Oui, approuva Jean-Luc. Ca se divise bien et ça revient à 87,50 euros la semaine, soit 12,43 euros par jour.
— Oui et on a tous une semaine en juillet, août ou début septembre, ajouta Marc.
— Mais, si on a besoin de l'argent pour autre chose, comment peut-on se retirer ? demanda Anne-Marie.
— Merci pour la question, Anne-Marie, répondis-je. A ma connaissance, c'est un sujet sur lequel le groupe n'a pas encore débattu et sur lequel il faut se mettre d'accord avant de faire une proposition d'achat. La question est comment sortir du contrat ? Un juriste dirait comment dissoudre la copropriété.

— Ah, oui, ça m'a paru compliqué ce qu'il y avait sur le forum à ce sujet, remarqua Marc.

— Il y a toute sorte de commentaires contradictoires, ajouta Jean-Luc.

— Bon, je peux résumer ma compréhension et ma proposition. Après, c'est au groupe de se mette d'accord, résumais-je.

— Entendu, Mario. Allez-y, dit Aline.

— Il s'agit d'une opération immobilière en copropriété. Cela signifie que l'on achète ensemble et que l'on reste ensemble jusqu'à la revente. La grande question est comment allons nous faire pour être tous d'accord sur le moment de la revente. Un principe de droit est que si l'un de nous souhaite vendre, on est tous obligé de le faire.

Je sors mon carnet de notes.

— Cela vient de l'article 815 du code civil. Un historien ajouterait que cela vient du droit romain :

Nul ne peut être contraint à demeurer dans l'indivision et le partage peut toujours être provoqué, à moins qu'il n'y ait été sursis par jugement ou convention. En latin, Communio est mater rixarum. La communion est la mère de toutes les querelles.

— Pour un groupe comme le notre, poursuivais-je, l'inconvénient, c'est que dès que quelqu'un souhaite arrêter, on se retrouve à devoir vendre dans l'urgence. Pour vendre vite, il faut accepter de baisser le prix, probablement en dessous de la valeur d'achat. Cela signifie que l'on a payé les frais de notaires pour rien. Tout le monde fait la tête et se dit que s'il avait su, il n'y serait pas venu.

Pour éviter ça, sans bloquer la possibilité de la revente comme dans la *multipropriété non participative*, on peut définir un convention d'indivision devant notaire.

— Ok, fit Marc. Jusque là je comprends.

— Pour amortir les frais initiaux, je propose de définir une période de cinq ans au cours de laquelle la revente ne peut être décidée qu'à l'unanimité. Au bout de cinq ans, la décision serait à la majorité des copropriétaires et, au bout de dix ans, il suffit qu'une personne souhaite vendre pour que l'on arrête tout. Cinq ans permet aussi d'éviter l'impôt sur les plus-values immobilières en Italie.

— Mais, si on a besoin de l'argent pour autre chose, on risque d'être bloqué pour dix ans. C'est long dix ans. Il peut se passer beaucoup de choses, intervint Anne-Marie. Je ne suis pas sure que nous voulions prendre ce risque.

— Oui et ça veut aussi dire que dans dix ans, on est quasiment sûr que tout s'arrête, continua Jean-Luc.

— En principe, on peut définir ce que l'on veut dans une *convenzione*. A moins que dans dix ans nous souhaitions encore tous continuer, le bien est mis en vente. Néanmoins, on peut prévoir des clauses pour qu'il ne soit pas vendu dans l'urgence et en dix ans les frais initiaux auront été amortis. Donc chacun reprend sa liberté avec même l'espoir d'une plus-value.

— La durée maximale d'une indivision sous convention n'est-elle pas limitée à cinq ans ? demanda Philippe.

— Très juste, Philippe, c'est le cas en droit français.

D'après Wikipedia, le droit italien autorise jusqu'à 19 ans. On a donc une liberté supplémentaire en Italie. Le cas plus délicat, c'est celui qu'avance Anne-Marie. Si l'un de nous souhaite se retirer après un an, comment fait-on ? Est-ce qu'on le bloque et, si oui, combien de temps ?

— Dans le forum, il était question d'une sortie de secours, releva Marc. Je crois que c'est Edguardo qui expliquait ça. Ca j'aimerai comprendre comment ça se formule.

— L'idée d'Edguardo, c'est que celui qui veut partir compense les autres. Les autres préemptent sa part à un prix défini à l'avance. De cette façon, le partant n'est pas bloqué et les restants ne sont pas trop lésés.

— Mais le partant est sanctionné financièrement, ce qui incite à rester, compléta Philippe.

— Quelle est la sanction ? continua Marc.

— Comme pour le reste, c'est à définir entre nous. Edguardo propose une formule peut-être à adapter pour nous. Elle incite à rester tout en laissant la porte ouverte en cas de coup dur : pour une sortie la première année, 10% du prix d'achat en pénalité. Pour une sortie la deuxième année, 9% et ainsi de suite jusqu'à 5% la sixième année. Ensuite, il fait stagner l'amende à 5% jusqu'à 10 ans.

— 10%, c'est énorme Mario, commenta Jean-Luc. Pour un prix de 90.000 euros, ça fait 9.000 euros. A six parts, on avait dit 18.600 euros par part. Ca veut dire que l'on avait mis 18.600 euros et on repart avec 9.600 euros.

— Oui, la première année. L'idée, c'est que c'est ce

que cela coûte à ceux qui restent en frais de notaires, ajoutais-je.
— Oups. On repaye tout si l'on fait un changement ?
— Malheureusement, oui, ceux qui restent payent.
— Mais alors pourquoi diminuer l'amende avec le temps ? continua Jean-Luc.
— Parce que l'on se rapproche d'un point où il sera plus facile de sortir, au bout de cinq ou de dix ans.
— Ok, attends. 5% pour un prix de 90.000 euros, ça fait 4.500 euros. A six parts, ça veut dire que l'on a mis 18.600 euros et que l'on repart avec 14.100 euros. On perd les 4.500, mais les autres perdent aussi 4.500 euros, divisés par cinq. Chacun des restants perd 900 euros et doit racheter un sixième de part, ce qui signifie qu'il doit débourser un cinquième de 18.600, soit 3.720 plus les frais de notaires, donc 4.620 pour 1,6 semaines en plus. Oui, vu comme ça je suis plutôt pour une amende élevée. Qui casse paye.
— Qui casse le montage paye le recollage, reprit Philippe. Cela semble logique. Je suis pour.

Christine et Aline approuvèrent. Anne-Marie, le visage blême, ne disait plus rien. Jacques ne lui lâchait plus la main.

— Oui, je suis d'accord aussi, enfonça Marc. Je dirai même 15% la première année et 10% pour les autres. Comme ça, on est tranquille avec les girouettes.
— Anne-Marie, vous êtes encore avec nous ou on vous a perdu ? demandais-je.

Elle prit un air triste.

— Je, je pense que ça n'est pas pour nous, c'est

compliqué, c'est cher et tous ces appartements sont très vieux. Si on quitte Brétigny, c'est pour être au bord de la mer, par pour être dans un HLM, dit-elle avec un air de reproche en direction de Jacques. Venise, je vois ça autrement.
— Il n'y a pas de souci, Anne-Marie, approuvais-je. Parlez-en avec Jacques. Un non, c'est une réponse claire et donc une réponse qui aide le groupe à avancer.

Aline semblait agacée.

— Tu veux que nous fassions un tour Anne-Marie ? demanda-t-elle.
— Non. Ca va merci. Je crois que je vais aller me coucher. Je ne me sens pas bien.

Elle se pencha, murmura quelque chose à l'oreille de Jacques.

— Oui, nous allons nous retirer. On ne veut pas gâcher vos plans par notre fatigue, conclût Jacques.

Tandis que Jacques et Anne-Marie s'éloignaient, Jean-Luc regardait le sol sans rien dire. Aline les suivaient du regard, puis se tut plusieurs minutes. Chacun restait absorbé dans ses pensées.

— C'est un processus normal, philosophais-je. C'est bien que l'on ait ces conversations. L'engagement est pour une durée longue et mérite d'être considéré sous différents angles.
— Pour que les choses soient claires, Mario, me reprit Aline d'un ton tremblant. Vous pouvez dire que c'est une connasse. On ne lui a jamais dit que ce serait un appartement neuf au bord de la mer.
— Oui, voir par soi-même permet de se faire une

meilleure idée, approuva Philippe.

La serveuse s'approcha pour prendre nos souhaits. Elle repartit avec nos verres.

Le lendemain, je venais de me servir une tasse de café lorsque mon portable vibra.

Slt Mario, Margot pas encore vu place Saint Marc, pas problème rdv 15h00 ? Envoyer adresse rdv stp. Janis

— Vous en pensez quoi ? demandais-je à Jean-Luc, en lui montrant l'écran.
— Ils ne sont pas gênés. On a dit 14h00 à Giovanni. Je ne sais pas si on peut changer ?
— Qu'y a-t-il mon chéri ? demanda Aline.

Jean-Luc lui tendit mon portable.

— On a prévu le programme pour qu'ils puissent voir le Corso Popolo en arrivant et ils préfèrent voir la place Saint Marc.

Aline tendit mon portable à Marc. Celui-ci regarda brièvement, leva les yeux au ciel, me le rendit.

— Ils ont peut-être raison. On a un peu oublié pourquoi on voulait faire ce projet à Venise ? pensais-je tout haut.
— Vous êtes sérieux ? demanda Jean-Luc en me regardant.

Je tartinais une biscotte sans répondre. Aline et Jean-Luc s'étaient disputés avec les Marlun. Claudia n'aimait pas Venise. Marc trouvait l'appartement trop grand. Philippe était ironique vis-à-vis d'Aline. Si je me mettais à flancher, tout s'écroulait.

— Oui, enfin, non. Je pense qu'il faut avoir Janis et Margot. Ils apporteront un regard neuf sur les choses. Si on repoussait le rendez-vous avec l'agence à la fin de l'après-midi, ça donne une chance à Janis et Margot de participer, non ?

Aline et Jean-Luc se regardèrent.

— Mais qu'est-ce que l'on fait en attendant ? demanda Aline.
— Le mieux, c'est peut être que l'on aille tous faire un tour à Venise. J'appelle Philippe et Christine pour leur expliquer. Vous, vous essayer de vous raccommoder avec les Marlun. Ce serait dommage que vous terminiez le séjour sur une fausse note. On va retrouver Janis et Margot place Saint Marc.

Jean-Luc approuva. Aline se résigna. Marc fronça les sourcils, puis se relâcha.

— Oui, c'est une bonne idée, conclut-il. Après tout je ne connais pas Venise.
— Mario, j'ai promis aux Marlun une visite de Venise sur le thème de Casanova. Si ça convient à tout le monde, ça pourrait être un bon moyen de faire revenir Jacques et Anne-Marie.

Marc et moi, nous nous regardâmes en souriant.

— Bien sûr, approuvais-je, si vous pouvez éviter de choquer les enfants des Merck, je pense que nous devrions tous profiter de cette visite.

Philippe et Christine, mis devant le fait accompli, approuvèrent. Une heure plus tard, nous prenions le bus pour Venise, puis la ligne un du Vaporetto. Le soleil brillait sur l'eau grise du grand canal. Une belle journée s'annonçait. Jean-Luc nous fit traverser le pont de l'académie et nous entraîna vers le *campo San Stefano*. Là, il tourna à gauche dans une ruelle étroite, la *calle Frutarol*. Un peu plus loin, il nous fit faire une pause sur un petit pont métallique.

— Nous entrons dans le quartier natal de Giacomo Casanova. Là, à l'emplacement de cette école, se trouvait le *Teatro San Samuele* où son père, Gaetano, travaillait comme acteur. Face au théâtre se trouvait l'échoppe de cordonnier de Girolamo Farussi. Sa fille, Giannetta, était l'une des plus belles filles de Venise. Gaettano l'épousa en 1724 contre l'avis de Girolamo.

Un pont et une ruelle plus loin, nous étions dans la *calle Malipiero*.

— A l'époque, la rue s'appelait calle de la Commedia. C'est ici qu'est né Casanova le 2 avril 1725. La tradition orale vénitienne lui attribue Michele Grimani comme père naturel. Il est le propriétaire du théâtre de San Samuele et un patricien vénitien. Au bout de la rue, l'église de San Samuel est celle où Casanova fit sa formation ecclésiastique et son premier sermon à l'age de quinze ans.
— Ca ne s'invente pas, commenta Marc.
— Qu'est-ce qui ne s'invente pas ? demandais-je.
— Non, laissez tomber. Qu'est-ce que c'est un praticien, Jean Luc ? demanda Marc.
— Un patricien, c'est un noble. Le terme vient du mot père, ancêtre en grec. A Venise, ce sont les membres des familles qui ont fondé la ville.

Jean-Luc, nous conduit ensuite au marché du Rialto, où Casanova mangeait, puis dans la rue Nani où il fut dépucelé et enfin au palais des Doges, où il fut enfermé pour mauvaise conduite avant de s'évader.

Janis ne rappelait toujours pas. La motivation du groupe chutait d'heure en quart d'heure. En fin d'après-midi, chacun préféra rentrer dans ses quartiers : Philippe et Christine au camping, Aline, Jean-Luc et les Marlun, réconciliés, firent bande à part. Le groupe n'en était plus un. Plus tard, dans l'avion, Marc me confia qu'il n'aurait pas su quoi faire seul dans une ville étrangère pendant les dix prochaines années. Janis et Margot donnèrent de leurs nouvelles deux jours plus tard.

Désolé pr ce week-end, batterie portable ko.

Je répondis :

Pas d'allo, Venise à l'eau.

Le soir même je postais sur www.reallyowned.com une photo de Venise avec un commentaire succinct annonçant un compte rendu. Dans les minutes qui suivirent, Jean-Christophe m'appela pour en savoir plus. Je dus avouer que je n'avais pas grand-chose à raconter. Le groupe n'avait pas trouvé sa dynamique. Nous étions rentrés bredouilles, pire le groupe était dissout.

— Tu ne t'attendais pas à ce que ça marche du premier coup quand même ? Dis-moi trois choses positives que tu retires de ce voyage.

Je réfléchis longuement.

— L'organisation des visites par Jean-Luc. Il avait ciblé un secteur relativement étroit et rencontré les agents avant que tout le monde arrive. Ca nous a permis d'utiliser la première journée à plein. On était pas loin d'un consensus sur l'un des appartements.
— Quoi d'autre ?
— La visite de Venise le samedi a permis au groupe de se connaître et, à dire vrai, pas forcément de mieux s'apprécier. Ca, on aurait dû le faire la première journée pour souder le groupe, avant d'aller vers des sujets plus épineux.
— Ok, pas mal. Quoi d'autre ?

— Là, ça devient difficile. Peut-être avoir eu une grande partie du groupe dans un même lieu, l'hôtel du *Centro*. C'était bien parce que l'on a pu échanger dans différentes situations, le soir, au petit déjeuner, etc.
— Bien et maintenant quelles sont les trois choses qui ont le moins bien marché ?
— L'arrivée décalée de Janis et Margot. Ca a cassé l'organisation du programme.
— Hm. Comment ça, ça a cassé l'organisation ?
— On avait pas de plan B. Mais en fait c'est vrai que le pire ça a été quand Anne-Marie s'est effondrée en entendant le coût de l'investissement, alors qu'il était connu dès le départ et, en fait, logique.
— Bien, quoi d'autre ?
— Je ne sais pas, le lieu manquait un peu de magie.
— Venise ? L'hôtel ?
— Non, Mestre.
— Ah, oui effectivement. Bon, je te laisse réfléchir, mais je crois que tu as déjà des pistes pour ton prochain *match*.

Grâce au coaching de Jean-Christophe, je commençais à comprendre ce que cet échec avait de positif. Le prochain match allait vite arriver.

GENES

Bizarrement les autres groupes ne furent pas démotivés par l'échec de Venise. Il y eut comme une émulation. Comme si soudain avoir leur chance d'écrire un chapitre de l'histoire de l'économie participative motivait les autres groupes. Venise avait prouvé que certaines étapes fonctionnaient. Venise était la première itération d'un processus que l'on pouvait mener plus loin.

Le groupe génois progressait rapidement. Jean-François Boulanger, pour ainsi dire leur chef de file, m'appela à plusieurs reprises pour comprendre Venise. Il fit discuter le groupe sur le ciblage des quartiers, la taille de l'appartement, le budget. Il transmit une feuille de calcul permettant de visualiser les coûts pour chacun. Il fit débattre sur les règles de communication. Il expliqua au groupe l'importance de passer une première journée ensemble avant de commencer les visites. Il se dit prêt à faire la reconnaissance des agences. En parallèle, Claudia m'avait incité à traduire le site en anglais. Elle en parla à certaines de ses connaissances, tant et si bien que des participants allemands avaient contactés Jean-François.

La date du séjour fut fixée au 20 septembre, presque un mois après Venise. A nouveau, je suis du voyage. J'avais averti Jean-François que je venais en *observateur*. Je ne voulais plus me mouiller, prendre des engagements sans l'assentiment, même passif, de Claudia.

Le matin du départ, je me sentais patraque. Cela me pesait de reprendre l'avion, de consommer mes vacances *pour ça*, pour un rêve participatif. Je commençais à voir *ça* comme un engagement philosophico-politique, comme une démarche politico-religieuse avec ce que cela a de contraignant, de dogmatique, quelque chose entre communisme et capitalisme, attaqué par les deux camps, un communisme bourgeois, un capitalisme kolkhozien, une contradiction qui porte en elle le germe de sa vaporisation. Le vol passait au dessus des Alpes. La fatigue de la semaine me submergea. Une vingtaine de minutes plus tard, l'annonce grésillante de la descente me réveilla en douceur. J'émergeais de mon rêve. Mes doutes et leur manichéisme se dissipaient comme le brouillard au dessus de la Méditerranée.

Gênes et Venise, tapies au fond de leur golfs respectifs, se partagent un qualificatif, celui de *dominante*. Simultanément, symétriquement, elles ont contrôlé les mers occidentales et orientales de la péninsule italienne, la Tyrrhénienne pour Gênes, l'Adriatique pour Venise. Venise est sérénissime. Gênes, en quelque sorte plus modeste, renonce aux superlatifs. Elle se contente d'être superbe. Etymologiquement, l'adjectif vient du latin *superbus*, littéralement *sur-fait*. Il porte ainsi ce double sens d'excellence et d'insolence, le premier reposant sur la perception que la ville a d'elle même, le second sur sa perception par les autres, ou peut-être l'inverse ou peut-être la superposition des deux. L'attribution de superbe vient d'un texte de Pétrarque. Ce père fondateur de la langue italienne, avec Dante et Boccace, décrit dans son *Itinerarium* le trajet qu'il projetait et ne put faire entre Gênes et Jérusalem.

> *Tu verras cette ville impérieuse, adossée à une colline de pierre, superbe par ses tours et ses murs. Sa seule apparence la désignait comme maîtresse de la mer.*[12]

11h30. Je prends la ligne de bus numéro un jusqu'à l'arrêt *Caricamento*. Les remparts blancs sont tombés. La seule tour restante est celle du vieux phare à l'entrée du port historique. Elle est encerclée d'une quatre voie suspendue, de rues d'accès au port, de hangars industriels, de containers multicolores empilés comme des légos, de réservoirs à carburants et d'un réseau ferroviaire enchevêtré. Je songe à la carrière de cet adjectif déposé vers 1348 au détour d'une phrase par

---

[12] Videbis ergo imperiosam urbem lapidosi collis in latere, turribus et moenibus *superbam*, quam dominam maris aspectus ipse pronunciat. – Pétrarque (1304-1374), érudit, poète et humaniste florentin. Itinerarium ad sepulcrum domini nostri Christi ad Iohannem de Mandello, 11.

Pétrarque. Pour percevoir le superbe, il faudra certainement prendre de la hauteur, voir la ville depuis ses collines. C'est ce que Jean-François a prévu pour le début d'après-midi.

Jean-François a fixé le rendez-vous dans le café d'un des musées de la ville, le Palazzo Rosso, à proximité de l'auberge de jeunesse où nous prenons nos quartiers. Ce musée est dans la rue principale du centre historique, la via Garibaldi, une rue piétonne pavée de large dalles calcaires en quinconce et bordée de palais Renaissance et baroques. Jean-François nous attend à l'intérieur sur une table proche du comptoir. A ses côtés se trouvent Lutz Lambertz, un allemand d'une quarantaine d'année, et Marcel et Monique Lambert, un couple d'une soixantaine d'années. Nous échangeons quelques politesses sur le voyage. Les Lambert l'ont fait depuis Strasbourg en voiture. Lutz est arrivé la veille par le même vol que Martin et Siena Dudendorf. Les Dudendorf visitent le musée. Ils nous rejoignent quelques minutes plus tard, enchantés par la vue depuis les toits du Palazzo Rosso.

Nommée capitale européenne de la culture en 2004, Gênes s'est engagée dans un programme de mise en valeur de son patrimoine historique et culturel. Depuis, le centre historique est à nouveau relié à la mer. De nombreux palais ont été rénovés. La circulation automobile est enterrée ou aérienne. Elle ne coupe plus la ville de *sa côte*. Nous suivons bientôt Jean-François à travers des ruelles moyenâgeuses. Il nous amène place Ferrari. Nous continuons vers l'ouest par la rue de Dante, passons devant la maison natale de Christophe Colomb et la porte Soprana, puis descendons vers le port jusqu'au campo pisano. De là, Jean-François nous entraîne dans un nouveau dédale. Nous découvrons la maison natale de Paganini, avant de déboucher piazza

San Lorenzo. Nous tournons ensuite dans une rue plus large en direction de la piazza della Raibetta. Là, se dresse le palais de Saint Georges, l'équivalent du palais ducal de Venise. Là se trouve aussi la vaste place piétonne qui relie le centre au port. Voilà, ce que Jean-François voulait nous voyions du centre.

Il nous entraîne ensuite vers le funiculaire de Zecca. Ce train à crémaillère emporte ses passagers 300 mètres plus haut par une pente de 20 à 35%. Au terminus de Righi, une terrasse domine la ville. L'air est clair. On distingue les porte-containers qui entrent et sortent du port.

De retour vers 17h00, nous prenons le thé à l'auberge de jeunesse. Marcel et Monique Lambert discutent avec Lutz de l'origine respective de leurs noms de famille. Monique réveille pour cela ce qu'il lui reste d'alsacien. Marcel apprend que son nom vient du bas allemand, *Landberht*, la fierté du pays. Le soir, nous dînons dans un restaurant à poisson sur la place du Caricamento. Le lendemain matin, les visites commencent.

Elles sont centrées sur les quartiers du Lagaccio et d'Oregina. Ces deux quartiers populaires sont proches du centre historique. Le groupe y a repéré plusieurs logements à visiter. Jean-François a communiqué des consignes strictes aux agences : au moins 60 m2, très bon état de la salle de bain, si possible vue sur la mer et balcon et, au maximum, 90.000 euros.

En fin d'après-midi, le groupe se repose à nouveau sur la place du Caricamento. Monique a enlevé ses chaussures et se masse les pieds. Un débat commence, les positions évoluent rapidement. Lutz et les Dudendorf défendent un appartement de 55 m2 au cinquième et dernier étage d'un immeuble qui comprend une terrasse immense avec vue sur la ville. Les Lambert y coupent court arguant qu'ils ne pourront bientôt plus monter cinq étages à pied. Progressivement, le consensus se fait autour d'un trois pièces de 60 m2 dans la salita d'Oregina. Une *salita*, du latin *salire*, sauter, est une rue montante qui gravit la pente d'une colline par le plus court chemin. Les salita de Gênes sont, de fait, raides et couvertes d'escaliers. Celle d'Oregina naît derrière la gare de *Principe* et gravit la colline jusqu'à l'église de *Nostra Signora di Loreto*. L'appartement est aux deux-tiers de la pente, proche d'une rue transverse et d'un arrêt de bus. A pied, il faut compter dix minutes pour aller à la gare et une vingtaine pour être sur le port antique. L'appartement a de grandes fenêtres qui s'ouvrent sur le port. La salle de bain est neuve. Le sol en marbre a bien vieilli. Le prix de 85.000 euros peut être négocié. Vers 18h00, Lutz rappelle l'agent pour demander une seconde visite.

Le lendemain matin, lors de la contre-visite, tous restent silencieux, absorbés, conscients que c'est le moment de prendre une décision. Marcel montre des détails de construction à Lutz. Jean-François passe de pièce en pièce avec de grandes enjambées. Il ouvre toutes les fenêtres, puis s'arrête face à celle du salon comme fasciné par le phare de Gênes. Il reste là le fixant pendant plusieurs minutes. Les Dudendorf chuchotent en allemand. L'agent ne dit rien, il nous observe.

Après la visite, nous montons au parvis de Notre Dame de Lorette. Il se situe de l'autre côté de la via Paleocapa, à une centaine de mètres de l'immeuble. Là, à l'ombre d'arbres centenaires, nous prenons possession d'un banc en pierre et d'un morceau de muret. Ce parvis est un haut lieu de l'histoire génoise et italienne. De 1747 à la Révolution française, c'est là que les habitants se réunissaient tous les 10 décembre pour commémorer leur révolte contre les autorités austro-hongroises. C'est là que fut chanté pour la première fois publiquement l'hymne national italien[13], le *Canto degli Italiani*. Notre groupe a des ambitions plus prosaïques. Lutz fait tout haut les premiers calculs.

- A quatre, avec les frais et une nouvelle cuisine, ça fait à peu près 27.000 euros chacun, compte-il.
- Donc à six ça ferait environ 18.000, n'est-ce pas ? complète Martin.
- Oui, c'est ça, confirme Lutz.
- J'ai pris une cinquantaine de photos de l'appartement que l'on peut mettre sur le site, continue Martin. Avec ça, les personnes intéressées pourront se faire une idée de ce que l'on propose.
- L'agent est d'accord pour de nouvelles visites, mais il a dit qu'il fallait les concentrer, continue Lutz.
- Oui et surtout qu'il ne pouvait rien nous garantir, marmonne Jean-François. Je me demande si nous ne devrions pas faire une offre ou prendre une option tout de suite quitte à n'être que quatre. Si nous attendons, nous risquons de repartir de zéro.
- Nous avons prévu quatre à huit semaines pour la phase de consultation avant engagement. Est-ce une bonne idée de changer le plan en cours de route ?

Jean-François fait une petite grimace avant de répondre.

- Il y a peu d'offres pour des appartements dans cet état et avec cette vue sur le port. Il faut se décider

---

[13] Ce statut d'hymne national italien, attribué de façon temporaire en 1946, fut confirmé légalement en décembre 2017. Il avait été composé par le Génois Goffredo Mameli.

vite.

— En ce qui nous concerne, il faut que le budget soit en dessous de 20.000 euros, sinon nous ne pouvons pas suivre, rappelle Martin. Ca je l'ai toujours dit.

Siena approuve d'un hochement de tête. Les Lambert confirment que ce serait bien de rester sur un budget dans le bas de la fourchette. Je réaffirme ma neutralité, mon rôle d'observateur, puis me tais.

— Ok, j'ai compris, conclut Jean-François. N'en parlons plus. Allons de l'avant.

En redescendant, Lutz m'explique qu'ayant grandi à Hambourg et travaillant dans la logistique, il aime la proximité du port, ses odeurs, ses bruits. Gênes offre tout ça. Il y a encore quelques connaissances professionnelles qu'il veut réactiver si le projet aboutit. Le lendemain, Lutz et les Dudendorf prennent l'avion de bonne heure. Jean-François fait bande à part. Je pars en randonnée avec les Lambert. Nous prenons le train à crémaillère jusqu'à Righi, puis continuons à pied sur la piste des forts. L'objectif est le fort de Puin. De là, la vue sur Gênes porte à des dizaines de kilomètres. On voit la mer et toute la baie de Gênes. En chemin, Marcel m'explique sa passion pour les pâtisseries salées alsaciennes. Il a commencé à travaillé à quinze ans comme apprentis boucher dans son village, puis a pris en charge la fabrication des pâtés en croûte d'un boucher strasbourgeois. Aujourd'hui, il supervise la fabrication de pâtisseries salées dans une usine du nord de Strasbourg. Il compte prendre sa retraite prochainement.

Vers 20h00, je suis de retour à Charles de Gaulle le cœur léger, heureux de voir un groupe pouvant concrétiser un projet. Lutz m'appelle le lendemain soir. Il me demande si j'étais au courant que Jean-François avait fait une offre seul. De ce fait, l'agent bloquait l'appartement. Il attend la réponse du propriétaire. Martin Dudendorf a assez de photos de l'appartement à la grande terrasse pour essayer de proposer celui-là à la place, mais les Lambert ne suivent plus : *Aus die Maus. Schluss im Bus, Ende im Gelände, Vorbei Karl May*[14], commenta Lutz.

J'avais décidé de ne pas suivre le groupe de Vintimille. J'appris qu'ils avaient aussi été proches de faire une offre, mais, en décembre au moment de rassembler les fonds de l'acompte, le groupe s'était disloqué. Les engagements oraux avaient été difficiles à convertir en argent comptant.

Quelques semaines plus tard, je reçus un appel de Sanjay. Il me demandait comment avançaient les *clusters*. Je lui répondit que les expériences se multipliaient, se

---

[14] Sortie la souris, le car part, fin du terrain, en berne Jules Verne.

rapprochaient du but, que la lumière était au bout de la montagne et que nous serions bientôt de l'autre côté du tunnel, c'était évident comme le poil au milieu de la figure, comme un nez au creux la main.

— Megha et moi, nous sommes prêts à participer si tu trouves quelque chose près d'un aéroport connecté à Manchester.

Je promis d'y réfléchir. Easyjet avait une liaison directe entre Manchester et Pise. Lentement un nouveau plan se tramait, un nouveau projet se formait, un nouveau groupe grandissait. J'en serai membre actif. Claudia m'avait promis de participer aux visites. Sanjay et les Merck restaient en stand-by. Cette fois, j'ai envoyé au groupe un brouillon d'acte sous seing privé (voir en annexe) et une feuille de calcul (celle de Jean-François). Les techniques s'affinent, les règles du jeu sont précisées. J'espère limiter les surprises, les faux bonds, les promesses sans lendemain. Pour pouvoir ouvrir le compte bancaire italien qui est nécessaire à la transaction, je me suis inscrit auprès du fisc italien. J'ai demandé aux plus motivés d'essayer d'en faire autant.

LIVOURNE

A Pise, le prix moyen du mètre carré est de 2.600 euros. A Livourne, il est de 2.000. Pise, plus chère, est aussi plus contraignante. L'accès en voiture y est limité, la ville est désertée de ses 50.000 étudiants lors des vacances universitaires, mais bondée de touristes dès qu'ailleurs en Europe les vacances se chevauchent. Le centre est à plus de 20 kilomètres de la mer. Livourne, elle, humble, côtière, est la troisième ville de Toscane avec 160.000 habitants. Elle reste ignorée des guides touristiques. Dans le guide vert, elle n'a droit qu'à une demi-page sans étoile. Elle ne vaut *ni le voyage, ni le détour.*

Elle est certifiée sans intérêt. C'est pourtant là que nous avons décidé de tenter notre chance.

Je pars le 7 mai, un mercredi, pour rencontrer les agences. A la sortie de l'avion, une légère brise me caresse le visage. Il y a de l'iode dans l'air. En 2008, le tram entre l'aéroport et la gare est un projet seulement en pré-étude. C'est à pied que je fais le kilomètre qui sépare l'aérogare de la railogare.

Le lendemain matin, vers midi, j'ai rencontré trois agences et fais le tour du centre. J'attends le groupe dans le hall de l'hôtel, assis sur un canapé beige, un roman jaune à la main. Les premiers à me tirer de ma torpeur sont Marcel et Monique. Après notre aventure à Gênes, nous sommes de vieux amis. Ils ont fait bon voyage. Ils sont impatients de prendre possession de leur chambre. Ils disparaissent dans l'ascenseur. Marc et Inneke les suivent. Marc fait peut-être 1,80 mètre, la trentaine avancée, légèrement dégarni. Avec de fines lunettes métalliques et une coupe courte, il a tout de l'ingénieur consciencieux. Pendant le check-in, Marc tient Inneke, sa femme, par la taille. Elle a le regard clair. Sa chevelure blonde lui tombe sur les épaules. Un taxi arrive peu après. Une femme mince d'une soixantaine d'années en sort. Son regard est caché par des lunettes aux verres épais. Elle a les cheveux châtain teintés de mèches blanches. Elle porte un tailleur raide, élégant, ça ne peut être que Geneviève. Geneviève Martineau enseigne le français dans un lycée de Nantes. Charles Herbst, lui, arrive trois quarts d'heure plus tard. Il est à pied. Il porte un petit sac à dos noir. Sa chevelure blanche lui tombe sur les épaules. Charles est journaliste à *Innovation Sociétale*, un mensuel partagé entre slogans d'extrême gauche et reportages sur le caviar bio. Il prépare un dossier sur les vacances alternatives. J'en espère une certaine publicité pour reallyowned.com et le projet de Livourne. Megha et Sanjay ont prévu d'arriver le lendemain. Claudia, Markus Schönberg et Tony Müller ont pris le même avion et atterriront vers 13h00 à Pise. Cela me laisse une bonne heure. Je m'excuse auprès de Charles, monte m'allonger. Je suis fatigué, j'ai mal au crâne, je me sens faible, j'ai les boyaux tordus. Je commence à avoir la nausée. Cela ressemble à quelque chose de psychosomatique, à la peur de faire un geste, de dire une parole qui fera tout échouer, peut-être, sûrement. Mon regard s'accroche aux motifs végétaux de la tapisserie. Lorsque Claudia arrive mon mal de tête a empiré. Relativement le reste va mieux, mais je grelotte. A 14h00, je rassemble mes forces pour le groupe. Ils sont tous là.

— Bonjour, Je, je suis content de tous vous voir. J'ai prévu un petit programme, mais je ne suis pas au top de ma forme. Ca ressemble à une méchante grippe. J'ai montré le circuit de la visite à Claudia. Pour les appartements, les visites commencent à 15h30. Je vous laisse entre de bonnes mains.

Ma voix baisse. Quelques minutes plus tard, je suis au

fond du lit, j'avale douloureusement de petites gorgées d'eau de la bouteille que Claudia m'a laissée et des portions d'aspirine. Quelques grammes plus tard, le vendredi soir, je réapparais. Une espèce d'autorégulation s'est mise en place dans le groupe. Sous la direction de Claudia ou sous le regard de Charles ou par je ne sais quelle dynamique propre, le groupe débriefe et choisit de faire une offre. Je ne sais pas de quoi il s'agit. Claudia me dit que c'est ok. Marc et Marcel débattent de détails organisationnels, de la levée des fonds. Sanjay et Megha se font traduire la conversation par Markus.

— Et comment on paye en pratique, Mario ? me demande brusquement Marc me croyant éveillé.

Je rassemble rapidement les bribes d'un discours sensé être rodé.

— Bonne question. Nous allons tous signer l'acte sous seing privé. Je vous en avais envoyé le brouillon par e-mail. Ce document règle ce sur quoi nous nous entendons. Le premier paiement c'est à l'ouverture du compte pour activer le projet. Activer c'est un peu solennel, mais disons que ça marque le premier engagement financier. Ensuite, le point clé c'est l'annexe B. C'est elle qui définit le bien, le montant effectif du mandat et sa date de début. La signature de l'annexe B marque la deuxième étape. Là, le paiement est de 25% du montant théorique du mandat. Dans les deux cas tu peux payer par virement directement sur le compte du projet.

— Mario, comment fais-tu appliquer la perte de fonds en cas de « flanchage » d'un participant, continue Marc.

— Ca, c'est défini dans l'acte. Mais en gros, celui qui ne paye pas dans les délais perd son dépôt au profit des autres. La question, c'est à quel moment il y a-t-il eu « flanchage ». Si c'est avant que le compromis soit signé, on essaye de modifier le compromis pour rayer le lâcheur. Si c'est au moment de la finalisation, c'est moins probable mais plus embêtant. Moins probable, car la personne a déjà versé 55% du prix. Plus embêtant, parce qu'elle est nommée sur l'acte de vente, donc on ne peut plus conclure et on est tous « touchés coulés » pour ainsi dire. On perd l'acompte, c'est à dire 40% de la mise initiale, environ 10% du prix total au prorata des parts. Le « flancheur » perd dans tous les cas toute sa mise initiale.

— Oh là, là, vous me faites peur Marco, glousse Geneviève.

— Mario, mon nom c'est Mario, Geneviève, fis-je en souriant. Comme dit, c'est peu probable, justement parce que c'est prévu et la perte est dissuasive pour le maillon faible. Si c'est au moment du compromis, on peut encore changer les noms et les parts.

— Pourquoi pas un acte notarié français dès le départ plutôt qu'un bout de papier sous seing privé ? continue Geneviève.

— Oui, la question est justifiée du fait des montants. L'avantage de l'acte notarié, c'est sa valeur exécutoire. Pour nous, cette valeur est toute relative : d'abord parce que nous habitons et achetons dans des pays différents : France, Belgique, Allemagne, Italie. Cela rend l'exécution compliquée, longue, coûteuse et incertaine. Ensuite, le fait que la levée de fonds est plus du double des arrhes (25% au lieu de 10%) signifie que le dépôt projet contient déjà l'amende. Il permet de régler le souci en utilisant les fonds levés. Pas besoin de courir après le « lâcheur ». Nous pouvons même définir un montant de dépôt plus important si tout le monde est d'accord.

— Mais, Mario, celui qui reçoit les fonds peut partir avec la caisse, non ? demande Marcel.

— Oui. Pour contrecarrer ça, je propose de lever les fonds sur un compte joint indivis. Indivis, cela signifie que deux signatures sont nécessaires pour réaliser un transfert. Continuais-je.

— Faut-il choisir deux personnes proches géographiquement ? demande Marc.

— Euh, ça je n'y ai pas réfléchi, mais de toute façon nous n'avons pas deux personnes proches l'une de l'autre géographiquement. De plus, le notaire demandera un compte en Italie de façon à pouvoir plus facilement prouver le paiement. Donc, on n'est un peu coincé à ce niveau là. Nous n'avons pas de participant italien. Malheureusement, il faudra venir sur place pour ouvrir le compte. Après l'achat, les montants sont moindre. On pourrait passer à une gestion de compte plus souple, sans indivis. A discuter.

— J'ai un autre point, signale Geneviève en tournant les pages d'un petit bloc-note rouge : L'article 815 du code civil. Il stipule : *nul ne peut être contraint à demeurer dans l'indivision et le partage peut toujours être provoqué, à moins qu'il n'y ait été sursis par jugement ou convention*. Est-ce que ça veut dire que n'importe lequel d'entre nous peut provoquer la vente de l'appartement à tout moment, demande-t-elle relevant la tête.

— Ok, merci Geneviève, j'allais oublier ça. C'est

effectivement un risque et il existe de façon similaire en droit italien. Si après l'achat l'un de nous n'est plus intéressé ou tombe malade, divorce, développe une allergie à la pizza, etcetera… tout ce qui peut arriver d'imprévu dans la vie, alors il souhaitera peut-être vendre. Qui de vous a lu le dialogue entre Convinto et Dubitativo sur mon blog ?

Je fais une pause en les regardant. La plupart des mains se lèvent, plus ou moins haut.

— Ah oui, c'est vrai, la convention d'indivision, répond Geneviève baissant la voix. La réponse était dans la question.
— La convention d'indivision fixe devant le notaire italien qu'au bout de cinq ans l'appartement est mis en vente si la majorité des copropriétaires le souhaite et, au bout de dix ans, si au moins un copropriétaire le souhaite, repris-je.
— En Belgique, il n'est pas possible de définir une indivision *ad vitam aeternam*, remarque Marc. Es-tu sûr que la loi italienne le permet ?
— L'indivision consentie est autorisée jusqu'à 19 ans en Italie. Le souci, c'est en cas de décès. Là il est probable que la division peut être forcée par les héritiers. Il faudra que l'on se fasse conseiller par le notaire. Je n'ai pas toutes les réponses à ce stade. En principe, on lui fournira notre brouillon de clause traduit en italien et on lui demandera de valider.

Une heure plus tard, j'ai échu du rôle de négociateur et Markus Schönberg de celui de trésorier. L'acte sous seing privé est signé par tous. Le lendemain, Markus et moi ouvrons dans une agence du centre un *conto corrente a firme congiunte*. Le banquier nous pose quelques questions sur la raison de l'indivision, puis nous imprime la convention de compte. Nous signons. Les moyens de paiement seront disponibles une fois le compte approvionné. Il faudra donc revenir.

Samedi soir, Markus nous informe que le propriétaire a refusé l'offre. Il demande 10% de plus. Le groupe se consulte, hésite, refuse. L'affaire est réglée, en berne Jules Verne. Je n'ai plus besoin d'aspirine. Je recommence à manger. En fin d'après-midi, je suis à Guyancourt. Lorsque je rentre lundi soir du travail, Claudia m'appelle. Il faut que je lise un e-mail de Markus.

> *Comme vous savez, Tony et moi sommes restés à Livorno. Nous avons fait visite avec l'agent Stefano aujourd'hui qui avait un autre appartement dans le même immeuble. Cet appartement est un étage de moins au troisième avec la vue sur le fort nouveau. Notre opinion est que c'est mieux que l'autre, car il y a moins de travail de restaurition, il y a aussi un petit balcon et le vendeur serait plus raisonnable. Vous trouverez la vidéo en suivant le lien en bas. @Marco/Claudia : pourriez-vous organiser une conférence téléphonique avec tous pour savoir si nous voulons faire une offre ?*
> *Merci ! Ciao, Markus & Tony*

La journée du lendemain passe vite. Le soir, je commence à chercher comment créer une conférence téléphonique entre particuliers. Skype n'est pas possible pour tout le monde. Finalement, je trouve un service spécialisé et fixe le rendez-vous au jeudi. Markus commence par une description de ce qui deviendra peut être notre *appartamento*.

— Il faut repeindre toute les pièces. La cuisine a

juste un lavabo et un petit meuble. Je pense que nous pouvons la refaire entièrement. La salle de bain doit être repeinte, mais a une jolie baignoire, un carrelage des années 1950 auquel on doit pouvoir rendre ses couleurs sans le remplacer.

— Donc, il y a une fenêtre dans la salle de bain, demande Geneviève.

— Oui, c'est exactement la disposition de l'appartement que l'on a vu, répond Markus.

— Et l'installation électrique, elle date aussi des années 1950 ? s'inquiète Marc.

— Non, ça semble avoir été refait dans les années 1990. Ca a l'air ok, mais je ne suis pas un spécialiste, commente Markus.

— Je veux dire une chose *important*, interrompt Tony. La vue sur la fortezza nuova est très beau.

Un silence respectueux s'installe.

— Marco, tu n'as pas vu le premier appartement. Tu penses quoi de cette nouvelle possibilité ? demande Geneviève.

— Mario ! Geneviève, je m'appelle Mario avec un *i* comme Italie. Je ne sais pas. Je pense qu'il faudrait aller le voir et, si tout le monde est d'accord faire une offre. Pour ma part, comme je ne l'ai pas encore vu, j'irai bien sur place.

— Mario, si on veut aboutir, il faut refaire l'annexe B et commencer la levée de fonds, fait valoir Marc.

— Effectivement nous pouvons démarrer la levée. Le compte existe.

— Bien, mais comment veux-tu faire Mario pour signer l'annexe B maintenant que nous sommes tous dispersés géographiquement ? demande

Marc.

— Ca me paraît compliqué, laisse échapper Geneviève.

— Markus, Tony, Sanjay, Megha, ça va vous suivez ? demandais-je, réalisant subitement que nous les avions exclus de la conversation.

— Beaucoup de chiffres et termes juridiques, mais je pense que ça va. Merci de demander, répond Markus.

— Markus m'expliquer après, déclare Tony.

— *I will write a summary in English once we are done*, m'entendais-je promettre à Sanjay.

— Mais Mario, comment peut on signer l'annexe, ça ne marchera pas par téléphone ! reprend Geneviève.

— On pourrait pas le faire par courrier ? demande Marc.

— Par la poste ? Ca va être compliqué, mais je pense que nous n'avons pas le choix.

— Euh, Mario, reprit Markus, l'appartement risque d'être vendu si on attend trop.

— Je sais Markus, mais si on va trop vite, je ne vois pas comment ça peut marcher non plus. Je crois que c'est un risque à prendre. Tu vois une autre solution ?

— Non, mais on pourrait informer le vendeur pour essayer de le faire patienter.

— C'est une bonne idée ça, approuve Geneviève.

— Combien de temps cela va prendre ? continue Markus.

— Je pense que si ton le monde est d'accord sur

l'annexe B, chacun l'imprime et me l'envoie, si possible en six exemplaires. C'est moi qui porte le principal risque puisque en tant que négociateur j'engage les autres. Si j'ai la signature de chacun, ça me suffit. Je peux vous informer par e-mail quand j'ai reçu toutes les copies. Le paiement du montant de dépôt projet prouvera par ailleurs que vous étiez d'accord.

— Je peux scanner ma copie et te l'envoyer par e-mail si tu veux, propose Marc.

— Ok, bonne idée. Ca me va aussi, mets tout le monde en copie, répondis-je.

— Je me verrai bien retourner à Livourne dans deux semaines avec ceux qui veulent faire une visite finale. Markus, il faut que tu y sois pour que nous puissions faire le chèque avec deux signatures.

— Ok, ça devrait marcher. Je vais informer l'agent du timing et réserver le vol pour Pise.

— Très bien. Est-ce que l'on a tout discuté ?

BORDIGA

C'est donc avec Markus que je me retrouve à Livourne dix jours plus tard. Nous arrivons tous les deux en fin de matinée, passons à la banque vérifier le compte. Tout le monde a payé. Nous mangeons une pizza en terrasse dans la petite Venise de Livourne, chez *Ugo*. Markus m'explique sa passion pour la pédagogie du foot. Il entraîne l'équipe junior de Markt Schwaben. Ca lui occupe une bonne partie de ses soirées, de ses week-end, de ses vacances. Le reste du temps il le passe avec Tony.

La visite est prévue à 13h00. Au pied de l'immeuble, rue degli Avvalorati, l'agent, Stefano, est accompagné d'un homme entre deux âges au visage bronzé. Il nous le présente comme le propriétaire, Aldo Bordiga.

— Monsieur Bordiga a souhaité vous rencontrer. Cela facilitera certainement la discussion, explique Stefano.
— Oui, je souhaite que nous fassions connaissance, ajoute Aldo.

Nous échangeons politesses et poignées de main. L'appartement, lui, est sans surprise, comme dans le film de Tony. Il semble même plus lumineux. Par la fenêtre, les murs de la *fortezza nuova* se reflètent dans l'eau du port.

— Si j'ai bien compris ce que Stefano m'a expliqué, vous êtes un groupe d'acheteurs de toute l'Europe, n'est-ce pas ?
— Oui, c'est ça.
— Et pourquoi Livorno ?
— Oh, c'est assez simple. Nous cherchons une région touristique en bord de mer.
— Je vois, dit-il.

Il s'éloigne pour rejoindre Markus et Stefano qui discutent autour du compteur électrique. Il les écoute distraitement, puis revient alors que j'inspecte la salle de bain.

— Vous savez, je suis très attaché à cet appartement. J'y ai grandi. Quand j'étais petit, ma mère me lavait les cheveux dans cette baignoire. J'avais un petit bateau en bois avec lequel je jouais. Il rentrait juste dans le port de la savonnette.

Je le regarde avec compréhension, pensant subitement à la baignoire de mes parents à Drancy.

— Si je faisais partie de votre groupe, je pourrai y revenir n'est-ce pas ? continue-t-il.
— Euh, en principe, oui, répondis-je surpris.
— Pourquoi en principe ?
— Je veux dire, oui, bien sûr.
— Et combien de fois par an ?
— Euh, c'est… Comment expliquer ? C'est un long processus vous savez.

— J'ai tout mon temps.
— Vous en avez parlé à Stefano ? demandai-je.
— Oui, il m'a dit de voir directement avec vous.

Je regarde en direction de Markus, fais signe de vouloir lui parler.

— Vous savez, je comprends que la demande vous surprenne, mais j'hésite encore à vendre, alors s'il y a cette possibilité, ce serait bien d'en discuter.
— Markus ! Tu as une minute s'il te plaît ?

Markus s'approche souriant.

— Je, euh, Monsieur Bordiga demande s'il pourrait faire partie du groupe.
— De quel groupe ? demande Markus.
— De notre groupe, répondis-je.
— Ah, oh, euh. C'est une bonne question.

— Oui et à vrai dire je n'ai pas de réponse toute faite, ajoutais-je.
— Ne vous inquiétez pas j'ai tout mon temps, répond Aldo Bordiga.
— Monsieur Bordiga, je dois partir pour une autre visite dans dix minutes, interrompt Stefano. Est-ce que ça vous embête si je referme l'appartement.
— Non, c'est bon, je peux fermer, j'ai le double des clés. Allez-y. Je vous rappelle.
— Stefano, nous avons prévu de nous voir à l'agence à 16h00, non ? dit Markus.
— Oui, c'est exact, mais ça dépend de votre conversation avec Monsieur Bordiga. Je vous laisse voir et nous parler après. D'accord ?
— Euh, si, d'accord, répond Markus.

Je referme la fenêtre du salon. Le bruit de la circulation automobile est atténué, supportable. L'appart est ok. Il y aura les travaux prévus dans la cuisine, un rafraîchissement de la tapisserie et de la peinture de la salle de bain, rien de structurel.

— Monsieur Bordiga, si ça vous va, je vous propose que nous allions en parler autour d'un café. Nous serons mieux assis pour discuter.
— Bien on peut aller au Mary Angel, c'est juste à côté, sur la piazza della Repubblica. Appelez moi Aldo. Monsieur, c'est pas sympathique en italien.
— Entendu, Aldo, moi c'est Mario.
— Et Markus.

J'avais mon ordinateur portable, ce qui me permis de supprimer le montant du mandat et de faire défiler le reste de notre arrangement devant Aldo.

— Pfui, donc, vous êtes six en tout, c'est ça ?

— Oui, c'est ça. Avec vous ça ferait sept, déduisais-je avec une impeccable perspicacité.

— Et tous les coûts sont partagés ?

— Exactement.

— Donc, je devrai payer 120.000 divisé par sept. Ca fait combien ça ?

— En admettant que nous fassions une offre à ce prix, ce qui ne sera pas nécessairement le cas, ça ferait 20.000 euros environ, calculais-je. Plus quelques travaux de restauration.

— Le problème, comme vous voyez, c'est que nous avons un mandat précis du groupe, commenta Markus.

— Oui, effectivement. Ca veut dire qu'il faut que nous demandions l'accord de tout le monde et que nous refassions un document signé par tous, continuais-je. Et il n'est pas sûr que tous acceptent. Certains étaient un peu hésitants sur cet appartement.

— En tous cas, ça va prendre du temps, ajouta Markus avec un profond soupir.

Aldo restait silencieux.

— Oui, ça me paraît compliqué et je ne connais pas les gens, finit-il par lâcher en se passant la main sur le front.

Markus et moi restâmes silencieux. Aldo mûrissait.

— Bien, je suis prêt à vendre mais il faut faire un effort sur le prix. Je ne suis pas obligé de vendre. Le mandat signé avec Stefano me permet de refuser les propositions.

Evidemment, je n'avais pas pensé à demander ça à l'agent et Markus me fit une moue pour confirmer sa surprise.

— Aldo, vous avez vu notre accord. Le mandat du groupe est accordé pour un montant maximum. Nous ne pouvons pas aller au-delà.
— Bien, bien. On peut peut-être quand même s'entendre. Jusqu'où pouvez-vous aller ? Dit-il. Je peux y réfléchir. Vous savez ce serait difficile pour vous de trouver un autre appartement comme ça sur lequel tous vos amis sont d'accord. Ce serait dommage que votre projet s'arrête là.

Je souris. On y étais. Je regardais Markus. Il avait les lèvre serrées, en trait d'union.

— Markus, je ne sais pas ce que tu en penses, mais notre rôle est de faire une offre au nom du groupe. On était parti sur une discussion pour voir comment inclure Aldo. Nous arrivons ensemble à la conclusion que ce n'est pas possible. Ce qui est ok. Penses-tu que nous devrions négocier tout de suite ou attendre Stefano ?
— C'est mieux de le faire avec Stefano, on a besoin de son conseil.
— Ca te va Aldo ? On a rendez-vous avec Stefano à 16h00. On va lui confirmer le rendez-vous. Je peux dire que nous allons faire une offre dans la mesure de nos moyens. Bien entendu, si tu refuses de vendre, c'est ton droit. Si l'offre te convient, dis le à Stefano, nous ferrons une offre d'achat formelle aujourd'hui ou en tout cas dans les plus brefs délais.

Aldo me regarda sans que son visage trahisse la moindre émotion.

— Entendu, faisons comme cela. *Attenzione*, je peux refuser. Il faut faire une vraie bonne offre.

Puis il se leva et partit. Markus soupira avec une expression de soulagement.

— D'abord il dit qu'il veut participer, ensuite il utilise les informations qu'on lui donne contre nous. En tout cas, je suis content de ne pas l'avoir dans le groupe.
— Oui, c'est un malin. Voyons avec Stefano s'il est vrai qu'il peut refuser la vente. Dans tous les cas, il faut que l'on garde une marge de négociation. J'ai comme l'impression que la première offre sera refusée. Il sait que nous ne pouvons négocier que son appartement et que nous avons encore quatre semaines pour le faire. Il risque de jouer la montre. Il faut que notre offre soit limitée dans le temps.
— Je croyais que l'Italie était un marché d'acheteur. On pourrait bluffer et partir en dessous du mandat. Je n'ai pas envie de donner plus à ce gars là.
— 110.000 alors ?
— Oui, 110, c'est un bon compromis.

Stefano nous confirma que le mandat permettait de forcer la vente au prix pendant encore dix jours. Par conséquent, il nous poussait à faire une offre au prix, à 120.000 euros. Nous restâmes sur 110.000 euros et 5% d'arrhes en demandant à Stefano de clarifier avec le vendeur si nous devions faire une offre formelle ou pas. Stefano disparut avec son portable dans une autre pièce. Il revint avec un léger sourire.

— Bon, ce n'est pas encore tout à fait gagné, mais rationnellement il devrait accepter. Il vous demande juste de porter les arrhes à 20% avant de se décider. Ca vous va ?
— 20%, répéta Markus avec une grimace.

— Se décider ? fis-je en écho. 20% ça va pour l'avant-contrat devant notaire, mais pas pour la promesse de vente. Pour la promesse de vente, nous pouvons faire un chèque de 10% du prix maximum.

— Ce sont des conditions acceptables, acquiesça Stefano. Ca devrait passer. Vous l'avez déjà choisi le *notaio* ?

— Le notaire ? Non. Pouvez-vous en conseiller un qui a l'habitude de travailler avec des étrangers ?

— Bien sûr, ils le font tous. Comme je disais à Markus, je travaille avec un notaire situé á deux pas d'ici. De toute façon lui est obligé de faire venir un interprète, en fait même deux, se reprit Stefano avec un sourire, un pour l'allemand, un pour le français.

— Bien, dans ce cas formalisons notre proposition d'achat.

Je regardais ma montre. Il fallait repasser à la banque pour obtenir le chèque de banque avant qu'elle ne ferme.

Bordiga accepta sans parlementer plus. Après l'avoir annoncé en bonne et due forme aux autres, je reçu un appel de Charles. L'article sur les utopies collectivistes était repoussé au mois de septembre. Il voulait attendre la fin de l'histoire, puis finit par me demander s'il pouvait encore participer, prendre le train en marche.

— Ok. Personnellement, je n'y vois pas de souci. On avait plutôt prévu que quelqu'un se désisterait, pas qu'il faudrait rajouter un participant. Ca veut dire signer l'acte sous seing privé le jour même. On pourrait le signer une fois sur place avec tout le

monde, mais il te faudra payer aussi les participations, c'est-à-dire environ 20% de ta part sous les plus brefs délais. Je vais faire un mail aux autres.
— Merci.

CHARLES-EMILE

Le groupe accepta. C'est donc à sept parties que nous nous retrouvâmes à Livourne la deuxième semaine de juin. Le rendez-vous de signature finale était fixé à la troisième semaine de septembre.

Marco Ionindis : 1 part
Marcel et Monique Lambert : 1 part
Markus Schönberg et Tony Müller : 1 part
Charles et Dominique Herbst : 1 part
Geneviève Martineau : 1 part
Marc Helder et Inneke van der Weyden : 1 part
Sanjay et Megha : 1 part

Quote-part d'activation du compte : 120 euros par part (0,1% de 120.000 euros par part).

Quote-part proposition : 4.000 euros par part (20% divisés par six).

La part des Herbst s'ajoute aux autres, d'où une

division par six et non par sept. Elle augmente le cash disponible pour les travaux.

Quote-part lors du compromis : 4.715 euros par part (110.000 x 30% divisé par sept).

Quote-part lors de la transaction finale : 10.214 euros par part (110.000 x 65% divisé par sept).

Autres frais payé avec le compte projet :

Quote-part des frais d'agence : 471 euros par part (110.000 x 3% divisé par sept).

Autres frais notariaux ou fiscaux : 1.257 euros par part (110.000 x 8% divisé par 6).

Traductions et interprétariat : 400 euros par part (2.800 divisé par 6).

Autres frais postaux et bancaires : 50 euros par part.

Total payé par chaque partie : 19.049 euros (120 +4.000 +4.715 + 10.214).

Total restant sur le compte projet : 13.594 euros (120x7 +4.000x7 -471x7 -1.257x7 -400x7 -50*7), soit 1.942 euros par part.

Pour la signature, nous nous rendons à nouveau à Livourne. Cette date du 19 septembre 2008, je l'ai inscrite dans mon journal comme celle de la fin du projet. Le jour approche, veille, avion, vol. Le jour est là, banque, notaire, clé. Lendemain, passé.

Lorsqu'un projet s'achève, un certain blues gagne ceux qui l'ont porté. C'était particulièrement vrai pour notre appartamento. Il m'avait aidé à dépasser mon divorce, à donner une direction à certaines choses. Je me sentais soulagé (pas de pépin), heureux (Claudia là, les enfants ok), un peu réconcilié avec le genre humain (un groupe de personnes s'était fait confiance). Il faudrait sans doute donner une interprétation à cela, mais pour l'instant j'avais atteint et, donc perdu, mon but.

Lorsque je descends pour le petit déjeuner, Marc, Inneke, Geneviève, Marcel et Monique, Tony et Markus sont déjà dans la salle. Les bonjours, bongiorno, goedemorgen fusent. Il est sept heure trente.

— Ca va Mario ? me demande Marc.
— A peu près. Je n'ai pas très bien dormi.
— Des soucis ?
— Non, répondis-je avec un sourire surpris. C'est la déprime de l'après-projet, confessais-je. Je me demande comment on va gérer la vie du groupe maintenant que le but est atteint.
— Mais le but n'est pas atteint mon cher Mario, s'intercale Geneviève, les choses sérieuses commencent. Nous devons nous mettre d'accord sur la couleur de la tapisserie.
— Tu m'enlèves les mots de la bouche Geneviève, sourit Marc.
— Oui, il faut voir comment on va faire les travaux de rénovation, approuve Marcel.
— Tu as un plan Mario ? demande Inneke.
— Non, dis-je, mais la question c'est plutôt si nous avons un plan. La réponse est *pas encore*, mais nous pouvons le définir.
— Maintenant ? demande Geneviève.
— Oui, puisque nous sommes tous là ou presque, appuie Marc.
— Quels sont les sujets ?

Inneke commence à compter sur les doigts de sa main gauche. Les travaux de rénovations, la façon dont on va gérer l'accès à l'appartement, répartir les semaines, gérer les différents.

— Attendez, Inneke, je vais prendre des notes, fait

Geneviève en sortant un carnet rouge.

Tony et Markus chuchotent à l'autre bout de la table en allemand. Markus semble traduire. Inneke fait une pause, puis voyant Geneviève un stylo en main, elle reprend.

— Rénovations, accès à l'appartement, frais de gestion, réunions de copropriété.
— Moins vite !
— Quoi d'autre ?

Un silence s'instaure. Marcel se gratte le menton. Tony a les yeux qui brillent cherchant à suivre la conversation sans l'aide de Markus.

— Je veux proposer l'art dans l'appartamento, finit-il par lancer d'une voix hésitante.

Marcel le regarde interloqué. Markus esquisse un sourire, Marc tourne lentement la tête vers lui comme si Tony venait soudain de se matérialiser.

— C'est intéressant comme concept ça *l'art dans l'appartamento*, pouvez-vous nous en dire plus Tony ? demande Geneviève.
— Vous parliez de peindre les murs si j'ai compris tout à l'heure, encourage Monique.

— Oui, c'est ça. Je pense que le grand mur du salon tous peindre avec sa propre façon pour approprier l'*appartamento*.

— Qu'est-ce que vous voulez dire par là ? demande Marcel.

— Avec la couleur, séparation de le mur en sept espaces, chacun un.

Après débat, la proposition de Tony est acceptée.

APRES, A VOUS

Il aurait sans doute fallu continuer l'histoire, lui ajouter des chapitres. Il aurait fallu décrire les travaux, les séjours, le mur qui se remplit de fresques, les messages écrits sous la peinture comme Tony l'avait proposé, les commentaires croisés, parallélisés, les couples qui se disputent, ceux qui se forment, ceux qui se transforment, les visites de musées, les dégustations de glaces, de pizzas, les parties de volley sur la plage, les randonnées, les rencontres. Ils aurait fallu parler de Giani et Catharina, les voisins du dessous, de Martha, la voisine du dessus, du livre d'or rempli de poèmes, de dessins, de réflexions gastro-ethnographiques. Mais cela n'aura pas lieu. Il n'y a plus personne pour écrire ça. L'exploration primaire est terminée. Chacun avance dans sa vie, dans son présent. Tous se projettent vers l'avenir.

Fin 2016, le groupe a décidé de vendre l'*appartamento*. Quelques années plus tard, Mario est assis chez lui en région parisienne. La sonnerie de sa porte d'entrée retentit. Il quitte son ordinateur en traînant les pieds sur le parquet, ouvre la porte. Trois couples lui demandent son avis sur l'immeuble et sur l'appartement du dessus. Soudain, la phrase qu'il avait écrite sur la fresque de Livourne lui revient comme un flash :

> *Que le concept mûrisse,*
> *se propage, lentement, sûrement, partout,*
> *comme une nouvelle forme de tourisme participatif.*

PHASES D'UN PROJET

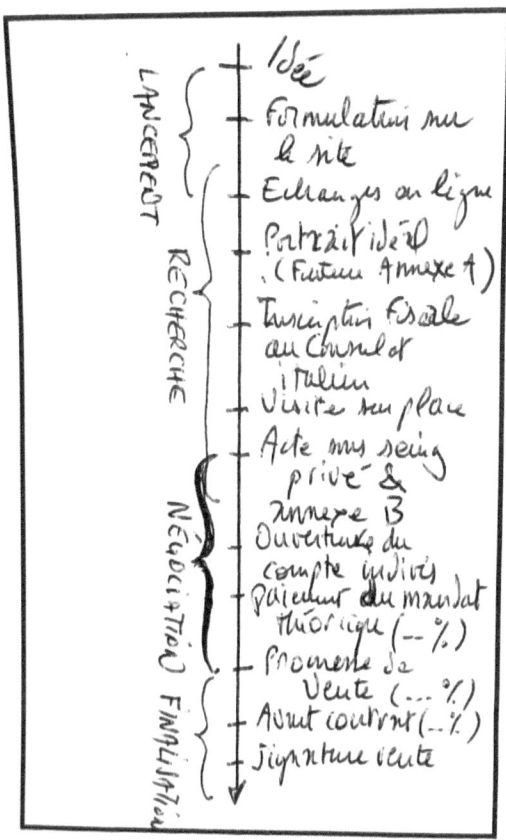

ACTE SOUS SEING PRIVE

Acte sous seing privé entre les soussignés

M/Mme _____ né le __/__/____ à _____ (numéro de carte d'identité / de passeport _____) domicilié à _____ qui déclare être marié sous le régime _____ avec M/Mme

_____ né(e) le __/__/____ à _____
Marié / Célibataire / Veuf/veuve
(partie 1)

M/Mme _____ né le __/__/____ à _____ (numéro de carte d'identité / de passeport _____) domicilié à _____ qui déclare être marié sous le régime _____ avec M/Mme _____ né(e) le __/__/____ à _____
Marié / Célibataire / Veuf/veuve
(partie 2)

(etc., ajouter les parties nécessaires)

Reconnaissants que le présent document constitue un engagement irrévocable qui les lie les uns vis-à-vis des autres conviennent ce qui suit.

Article 1 : projet

Les parties susmentionnées envisagent l'achat d'un bien immobilier en copropriété (le projet) dont les caractéristiques idéales (emplacement, type de bien, budget) sont décrites en annexe A.

L'objectif du présent acte sous seing privé est de définir les responsabilités et les engagements de chacun pour réaliser ce projet.

Après une phase d'investigation, les biens immobiliers retenus seront listés en annexe B. Les bien listés en annexe B ne doivent pas correspondre exactement à la descriptions idéale et indicative faite en annexe A.

Pour chaque bien visé, l'annexe B liste son adresse précise, ses caractéristiques (par exemple, étage, surface, présence de balcon, de garage, etc. comme listé dans l'annonce de l'agence), ainsi que le montant effectif du mandat relatif à ce bien. L'absence de montant effectif pour un bien rend le mandat nul.

L'annexe B peut être finalisée ultérieurement au présent acte. Elle doit lister et porter la signature de tous les mandants qui s'engagent sur ce bien. L'annexe B doit être datée de la date d'accord et d'une date de début de validité du mandat.

D'un commun accord les parties signataires de l'annexe B (mandants) peuvent remplacer l'annexe B par une nouvelle version signée de tous. Dans ce cas, la nouvelle annexe B référencera explicitement la version précédente qu'elle annule et remplace. La nouvelle annexe B n'est valide qu'à partir du moment où elle comporte la signature de toutes les mandants qu'elle liste.

Article 2 : Attribution des rôles

Pour faciliter la réalisation du projet, les parties ont décidé de définir les rôles et responsabilités suivantes.

Négociateur : le négociateur est chargé de formuler l'offre d'achat au nom des parties. Il ne peut le faire que dans le cadre du mandat de négociation accordé.

Trésorier : le trésorier est chargé de l'ouverture d'un compte joint indivis à son nom et à celui du négociateur auprès d'une banque italienne. Il assure la gestion de ce compte.

D'un commun accord, les parties confient le rôle de négociateur à M/Mme _____ et le rôle de trésorier à M/Mme _____.

D'autres rôles peuvent être convenus entre les parties à tout moment pour subvenir aux besoins du projet, comme par exemple celui de secrétaire, de modérateur ou de chef de projet. Il est convenu que ces rôles additionnels ne nécessitent pas de formalisation dans le présent acte.

Le négociateur et le trésorier s'engagent à se faire enregistrer fiscalement auprès du consulat italien le plus proche dans les plus brefs délais et à participer à la première visite sur site, de façon ouvrir le compte projet à cette occasion.

Article 3 : mandat de négociation

Le négociateur peut signer une proposition d'achat uniquement si une annexe B est déclarée valide et uniquement pour l'un des biens listé dans cette annexe et au nom des mandants de cette annexe.

Dans le cas où l'annexe B liste plusieurs biens, le négociateur ne peut signer une proposition d'achat que sur l'un de ces biens à la fois. En aucun cas, deux propositions d'achat pour des biens différents ne peuvent être faites. Dans le cas où un ordre de préférence est explicité directement sur l'annexe B, le négociateur devra respecter l'ordre de préférence établi dans la poursuite de la négociation. Il est recommandé de garder par écrit trace du refus du bien préféré et de la transmettre aux mandants.

Mandat théorique : Le montant maximum d'une proposition d'achat faite à un vendeur frais d'agence inclus et hors frais de notaire est de (sommes en chiffres et en lettres) _____ euros, _____

_____

euros (montant théorique du mandat).

Mandat effectif : Le montant du mandat effectif pour un bien n'est valable que pour le montant maximum indiqué en annexe B pour ce bien. Dans tous les cas, le montant du mandat effectif doit être inférieur ou égal au montant théorique.

Le mandat n'est valide qu'à partir du moment où

toutes les parties signataires de l'annexe B ont versé le montant de mandat théorique correspondant à la quote-part définie en annexe B (voir article 8).

Par défaut, le mandat est alors valide pour une durée de huit (8) semaines à compter de la date d'accord indiquée sur l'annexe B. Les dates de début et de fin de validité peuvent être étendues ou réduites par une mention correspondante portée directement sur l'annexe B. Le mandat n'est valide que dans cet intervalle de temps. Le négociateur ne peut donc signer une proposition d'achat avec le vendeur que dans l'intervalle de temps entre début et fin de validité.

La date de fin de validité de la proposition d'achat peut aller au-delà de la durée du mandat, mais ne doit pas dépasser celui-ci de plus de quatre (4) semaines. Le négociateur s'engage à informer tous les signataires de l'annexe B sous 48h de la signature d'une proposition d'achat. Pour cela l'envoi d'un e-mail suffit.

Important : la proposition d'achat signée par le négociateur doit indiquer que le négociateur agit au nom et pour le compte d'un groupe d'acheteurs dont la liste exacte sera arrêtée devant notaire lors du compromis de vente (en italien, *Il signor X sta agendo per e per conto di un gruppo di acquirenti privati. L'elenco esatto dei compratori sarà fermato prima di un notaio durante il contratto di vendita*).

Article 4 : ouverture du compte joint indivis.

Le trésorier et le négociateur sont chargés de l'ouverture d'un compte joint indivis à leurs noms auprès d'une banque en Italie (en italien, *conto corrente a firme congiunte*). Ce compte est dédié au projet. Deux signatures sont requises pour tout paiement à partir de ce compte, celle du trésorier et celle du négociateur.

Après achat d'un bien immobilier visé à l'annexe B, ce compte pourra être converti en compte de gestion de l'objet acheté.

Article 5 : participant activé.

Dans les 10 jours suivants l'ouverture du compte joint, les signataires du présent acte s'engagent à virer une somme équivalente à 0,1% du montant du mandat théorique, soit par part (sommes en chiffres et en lettres) : _____ euros, _____ euros (montant d'activation du projet).

Le trésorier informe par e-mail les signataires des versements reçus (e-mail suffit).

Dans le cas où un signataire ne verse pas la somme d'activation dans le délai d'activation prévu, le signataire est dit non-activé. Tout signataire non-activé qui ne régularise pas sa situation dans les cinq (5) ouvrables suivant l'expiration est automatiquement exclu de la participation aux étapes suivantes, à moins que les participants activés décident à l'unanimité de lui accorder un délais supplémentaire. Ce délais supplémentaire devra être limité dans le temps est communiqué à tous par écrit (e-mail suffit).

Article 6 : mandants et mise en capacité du mandat.

Un participant activé peut signer l'annexe B.

A moins de dispositions contraires en annexe B, un participant activé signataire de l'annexe B s'engage par sa signature de l'annexe B à virer une somme équivalente à 20% du mandat effectif au prorata de sa participation indiquée en annexe B. A moins de dispositions contraires en annexe B, ce virement doit être effectués au plus tard sous un délai de dix (10) jours ouvrés à compter de la date d'accord indiquée sur l'annexe B.

Une fois passé ce délai de 10 jours ouvrés (mise en capacité du mandat), si moins de 15% du montant du mandat défini en annexe B est réunis ou si moins de trois signataires ont réglé leur 20% du mandat effectif au prorata de leur participation indiquée en annexe B, le mandat est déclaré en échec.

Article 7 : échec du mandat

Un mandat peut être en échec pour différentes raisons, comme par exemple faute de réunir un montant suffisant dans les délais impartis ou parce que sa date de validité a expiré et aucune proposition d'achat n'est en cours ou déjà acceptée par un vendeur. En cas d'échec, l'annexe B peut être remplacée par une nouvelle version qui devra réunir au moins trois participants activés.

Les signataires d'une annexe B en échec ayant versé leur montant effectif et ne participant pas à une nouvelle version de l'annexe B peuvent demander le remboursement de leur part du mandat effectif. Cette demande doit être adressée par courrier recommandé au trésorier. A réception du courrier recommandé, le trésorier devra procéder au remboursement sous trois mois dans les conditions définies à l'article 9. Dans le cas où le trésorier et le négociateur doivent se rendre physiquement sur place pour effectuer le remboursement, ils peuvent retenir chacun un montant forfaitaire de deux cent cinquante (250) euros pour participation à leurs frais, soit au total un maximum de 500 euros. Cette participation à leurs frais est réduite de 50% si dans les trois mois qui suivent la demande de remboursement, un autre déplacement est prévu par exemple pour signature d'un compromis de vente ou pour clôturer le compte projet.

Article 8 : échec du projet

Nonobstant les autres possibilités de mises en échec et pour éviter un blocage indéfini des fonds, si un an après la signature du présent document aucune offre d'achat n'est en cours ou n'a été acceptée par un vendeur, le projet est d'office mis en échec et les autres dispositions du présent article s'appliquent.

En cas d'échec du projet, le trésorier et le négociateur remboursent tous les dépôts versés sous trois mois, déduction faite des éventuels frais bancaires, postaux et de traduction directement liés au projet. Dans le cas où le trésorier et le négociateur doivent se rendre physiquement sur place pour clôturer le compte joint, ils peuvent retenir chacun un montant forfaitaire de deux cent cinquante (250) euros pour participation à leurs frais, soit au total un maximum de 500 euros. En guise de rapport final, le trésorier fournit un décompte détaillé des transactions du compte et des remboursements individuels.

Une fois les remboursements réalisés, le trésorier et le négociateur clôturent le compte indivis dans les plus brefs délais.

Important : le présent article ne règle pas l'échec de la transaction après le compromis de vente. Voir pour cela l'article « échec de la transaction » (article 12).

Article 9 : enregistrements individuels auprès de l'administration fiscale italienne (*codice fiscale*)

Pour l'ouverture du compte par le trésorier et négociateur, ainsi que pour l'identification des parties dans les actes d'achat, chaque personne physique signataire du présent acte s'engage à se faire enregistrer auprès du représentant de l'administration fiscale italienne de son lieu de résidence (par exemple à un consulat d'Italie) dans les plus brefs délais et au plus tard dans les 20 jours ouvrés qui suivent la signature d'une annexe B.

Article 10 : proposition d'achat

En cas de signature d'une proposition d'achat par le négociateur dans les délais, montants et conditions impartis, les mandants acceptent d'être engagées au prorata de leur participation indiquée en annexe B par cette proposition.

Le négociateur et le trésorier sont autorisés à réaliser un paiement par chèque, chèque de banque ou virement lors de la formulation de la proposition d'achat. Ce montant sera d'un maximum de 10% du montant de la proposition d'achat.

A la signature d'une proposition d'achat et à son acceptation, le négociateur doit informer toutes les parties par courrier recommandé aux adresses susmentionnées au plus tard dans les cinq jours ouvrés suivant la signature du compromis de vente et respectivement, suivant son acceptation. La date de dépôt du courrier fait foi. Alternativement, cette information peut être réalisée par e-mail si le destinataire confirme la bonne réception de l'e-mail.

Article 11 : préparation du compromis de vente et de la vente

Le trésorier est chargé de faire estimer le montant total de l'achat par le notaire tous frais compris. Il informe le notaire de la clé de répartition entre les parties pour la copropriété telle que définie dans l'annexe B qui a servit de base à l'offre de vente acceptée.

Les parties comprennent et acceptent devoir se rendre deux fois sur place, une première fois pour signer le compromis de vente et une deuxième fois pour signer l'acte final auprès d'un notaire local.

Chaque partie est responsable du paiement direct au notaire de (i) sa quote-part de dépôt de compromis et (ii)

de sa quote-part du solde du montant d'achat.

Les parties conviennent qu'une convention d'indivision sera mise en place devant le notaire réalisant la transaction : (i) pour bloquer la vente pendant cinq ans ; (ii) dans le cas où la majorité des parts le souhaite ce blocage sera renouvelé d'année en année jusqu'à dix ans ; (iii) après 10 ans la division pourra être provoquée dès que l'une des parties le souhaite.

Article 12 : échec de la transaction

Dans le cas où le notaire n'obtient pas le versement de toutes les parties dans les délais impartis, les parties n'ayant pas réalisée le versement requis sont dites défaillantes. Il en va de même si une partie ne dispose pas de son *codice fiscale* ou de tout document ou de toute condition nécessaire à la réalisation du compromis de vente ou de la vente. Ces parties seront dites défaillantes.

Les parties défaillantes perdent entièrement leur montant de dépôt projet (soit 20% du montant du mandat effectif au prorata de leur part) qui est réparti entre les parties ayant réalisé leur versement au notaire (parties non-défaillantes). Que les parties non-défaillantes décident ou non de continuer le projet sans les parties défaillantes, cette perte et définitive et sans recours pour les parties défaillantes. En contrepartie, les parties non-défaillantes renoncent à poursuivre les parties défaillantes pour se faire rembourser leur quote-part du dépôt de compromis ou l'investissement supplémentaire créé par la défaillance.

Si la situation le permet, les parties non-défaillantes peuvent décider de continuer le projet sans les parties défaillantes. Dans ce cas, les parts des parties défaillantes sont réparties proportionnellement entre elles à moins qu'elles ne conviennent d'un commun accord d'une autre répartition. Cette nouvelle répartition est utilisée par le notaire pour finaliser le compromis de vente.

En cas d'abandon du projet par les parties non-défaillantes, L'éventuel solde du compte projet est réparti uniquement entre les parties non-défaillantes selon les dispositions de l'article 8 (échec du projet).

Article 13 : réussite de la transaction

Dans le cas où l'achat est réussi, le solde du compte projet peut être utilisé pour réaliser des travaux ou aménagement nécessaires dans le bien acheté. D'un commun accord, les parties non-défaillantes (désormais copropriétaires) peuvent disposer du solde du compte projet. En l'absence d'accord, le compte projet sera utilisé comme réserve pour les travaux liés au bien acheté. Dans ce cas, le trésorier sera chargé de fournir le solde du compte et le détail des opérations une fois par an aux copropriétaires.

Article 14 : territorialité et langues du projet

Le présent document est soumis au droit français. Les parties signataires déclarent disposer d'une maîtrise suffisante de la langue française pour ne pas avoir besoin d'une traduction du présent document.

Par ailleurs le bien visé étant situé à l'étranger et certaines parties signataires étant domiciliées hors de France, toutes les parties acceptent que certains documents soient réalisés ou traduits uniquement en anglais. Les parties signataires déclarent disposer d'une maîtrise suffisante de la langue anglaise pour ne pas avoir besoin d'une traduction en français des documents fournis en langue anglaise.

Article 15 : clause salvatrice

La nullité ou l'illégalité éventuelle d'un article, d'un paragraphe ou d'une clause n'entraînera pas la nullité des autres dispositions qui resteront d'application.

Fait le _____ à _____ en ____ exemplaires[15].

Signatures et paraphe de chaque page.
Partie 1, M/Mme _____ : _____
Partie 2, M/Mme _____ : _____
(…)
Partie n, M/Mme _____ : _____

ANNEXE A (EXEMPLE)

Nous recherchons un appartement d'au moins 60 mètres carrés permettant d'accueillir une famille ou quatre adultes confortablement.

L'appartement est situé à proximité de l'aéroport de Pise et peut être atteint par les transports en commun (bus, train, tram) en moins de trois quarts d'heure. Il est situé à proximité de la mer et d'un centre ville avec toute commodités. Idéalement, on n'a pas besoin de voiture une fois sur place pour faire les courses, aller au cinéma (en VO !), à la bibliothèque ou au bord de la plage. Toujours idéalement, l'immeuble comprend un local à vélo pour laisser un ou deux vélos appartenant en commun aux copropriétaires de l'appartement.

L'appartement comprend au moins deux chambres à coucher, une cuisine salon et une salle de bain. La cuisine et la salle de bain pourraient être rénovées et remplacées si elles datent. Néanmoins, nous cherchons à limiter les travaux, car ils sont difficiles à superviser à distance.

Les charges, abonnements et taxes devraient être inférieurs à 150 euros par mois, Internet compris.

---

[15] Autant d'emplaires qu'il y a de parties.

Le budget est inférieur ou égal à 120.000 euros travaux compris et hors frais d'acquisition estimés à 10%. Nous souhaitons faire un choix d'ici le __/__/____. Pour cela nous comptons nous rendre ensemble entre mai et juin sur place et visiter plusieurs appartements.

Une fois l'appartement acheté, nous prévoyons de repeindre les murs en blanc et de le meubler avec du mobilier simple et fonctionnel (meubles suédois ok) dans des tons blancs ou pastel (terre de Sienne).

Une semaine de service par an pour un nettoyage de fond en comble et effectuer les réparations nécessaires et décidées ensemble. Si un copropriétaire ne peut pas participer, il devra payer à la communauté une somme forfaitaire correspondant à un billet d'avion aller et retour Paris-Pise. Cette somme ne pourra être inférieure à de 0,25% du prix de l'appartement.

Nous savons qu'au cours du processus de recherche et de gestion, des divergences verrons le jour. Dans toutes nos décisions, nous recherchons le consentement de tous. Une résolution est adoptée quand aucune objection n'est exprimée. On peut aussi ne pas être d'accord sans s'opposer à la décision. Le vote est possible pour éviter les blocages, mais ce n'est pas l'approche préférée. Quand un problème oppose deux participants d'une manière inconciliable, les autres participants tranchent[16].

ANNEXE B (EXEMPLE)

Date d'accord de signature (date d'accord):
Date de début de validité du mandat (en général 10

---

[16] Ce dernier paragraphe est inspiré de la chartre du projet MasCobado à Montpellier cité sur http://www.urbanisme-puca.gouv.fr/IMG/pdf/mascobado_web.pdf (vu en mars 2018).

jours ouvrés à compter de la date d'accord) :

Cette version de l'annexe B annule et remplace la version du __/__/____.

Désignation du bien objet de la présente annexe : _____

Adresse du bien : _____
_____
Etage (si applicable) : _____
Palier / porte (si applicable) : _____
Surface indicative : _____
Autres caractéristiques (présence de balcon, de garage, charges, mensuelles, etc. comme listées par exemple dans l'annonce) :
_____

Montant effectif du mandat relatif à ce bien (l'absence de montant effectif rend nul le mandat pour ce bien) (sommes en chiffres et en lettres) : _____ euros, _____
_____
_____ euros.

Les parts de mandant ci-dessous sont utilisées comme clé de répartition des montants à payer et des parts de propriété dans la future copropriété.
Partie 1, M/Mme _____ : ___ part(s)
Partie 2, M/Mme _____ : ___ part(s)
Partie 3, M/Mme _____ : ___ part(s)
Partie 4, M/Mme _____ : ___ part(s)
(…)
Partie p, M/Mme _____ : ___ part(s)

Par leur signature de la présente annexe, les parties s'engagent à virer une somme équivalente à 20% du montant du mandat effectif au prorata de leur parts indiquées ci-dessus, soit par part (sommes en chiffres et en lettres) : _____ euros, _____ euros.

Si plusieurs biens sont listés, l'ordre d'apparition vaut ordre de préférence décroissante. En cas de signature d'une proposition d'achat par le négociateur dans les délais et montants prévus, les mandants comprennent qu'ils sont engagées solidairement et au prorata de leur part par les termes de la proposition d'achat.

Fait le _____ à _____ en _____ exemplaires[17].

---

[17] Autant d'exemplaires qu'il y a de parties signataires de l'annexe.

www.ingramcontent.com/pod-product-compliance
Lightning Source LLC
Chambersburg PA
CBHW020639220526
45464CB00001B/210